Governança corporativa nas instituições financeiras islâmicas

Hussein Elasrag

Índice

I. introdução

Boa governança é fundamental para a capacidade de uma empresa de proteger os interesses de seus stakeholders. Esses interesses podem ir além de valores puramente financeiros, para valores éticos, religiosos ou outros das partes envolvidas. No caso de uma instituição que oferece serviços financeiros islâmicos, as partes interessadas esperam que seus negócios sejam conduzidos de acordo com os princípios da lei islâmica (lei islâmica). Portanto, uma estrutura corporativa que permita que essa instituição implemente a boa governança por meio de operações compatíveis com a Sharia é essencial.

Com o desenvolvimento da indústria financeira islâmica, a necessidade de padronização e profissionalismo está crescendo em toda a indústria. Adicione a isso a importância de implementar sistemas robustos de governança corporativa com padrões internacionalmente reconhecidos que incluam práticas de trabalho transparentes, justas e éticas. As instituições financeiras islâmicas estão bem posicionadas a esse respeito, porque no coração da lei islâmica está uma visão de desenvolvimento social que requer que todos os indivíduos e sociedades ajam de forma ética e socialmente responsável. As diretrizes mostrar como os princípios básicos de governança corporativa estão alinhados com as regras e ensinamentos da Sharia e portanto, como as IFIs são boas em um pi ù grande acionistas posicionados um Possibilidade de oferecer para participar alvo um social responsabilidade a empresa. , O estabelecimento de um sistema de governança corporativa no sistema econômico islâmico requer a introdução de um sistema de incentivos baseado em regras, de modo que o cumprimento das regras garanta um sistema eficiente de governo para manter a justiça e a ordem social entre todos os membros da sociedade. Isso envolveria o desenho de instituições e regras, os gerentes para parar, o bem-estar de todos os envolvidos para internalizar ou se necessário forçar , Os direitos reivindicados pelas partes interessadas não são um fim em si mesmos, que deve ser reconhecido em alguma forma de organização econômica, mas os meios para proteger os direitos dos eleitores. Num sistema islâmico, a conformidade com os códigos de conduta garante a internacionalização dos direitos dos titulares de dados (incluindo a sociedade em geral). Uma estrutura institucional diferente não seria necessária se as regras islâmicas fossem plenamente respeitadas. No entanto, para garantir o cumprimento dos padrões islâmicos, são necessários arranjos institucionais.

Portanto, o governo islâmico deve estabelecer a estrutura apropriada de governança corporativa e incorporar "todos os direitos das partes interessadas aos deveres fiduciários dos administradores corporativos" da Empresa em nome de todas as pessoas - investidores ou partes interessadas. Portanto, nenhum outro acordo institucional seria necessário para permitir que lobistas individuais de não investidores negociassem diretamente com a empresa. A inclusão de todos os direitos das partes interessadas nos deveres fiduciários dos gerentes seria contraproducente e levaria a resultados abaixo do ideal. É importante que cada ator proteja seus direitos seja negociado gratuitamente e que existam arranjos institucionais sistemáticos para garantir proteção e mediação em casos de disputas e desacordos.

Acordos institucionais podem fazer parte da infraestrutura de todo o sistema que envolve a estrutura de governança da empresa. Por exemplo, como os contratos são sempre incompletos, as interpretações judiciais podem preencher as lacunas. O direito trabalhista, o direito do consumidor, o direito civil e as decisões judiciais e regulamentos administrativos podem ser considerados como parte de contratos celebrados por várias partes com a Companhia. O conceito dos conselhos sharia também exclui o sistema financeiro islâmico. Um conselho sharia, consistindo de Fuqaha (estudiosos da sharia), foi usado para supervisionar o trabalho de uma instituição financeira para garantir que as operações do Banco Islâmico e o código de conduta cumprissem as regras da Sharia. , Um Conselho Sharia para qualquer empresa, como refletido na arquitetura atual do sistema bancário islâmico, não é eficiente, enquanto todas as empresas exigem apenas um conjunto de regras para uma governança corporativa apropriada baseada na Sharia. A mesma idéia da diretoria da Shari'ah pode ser estendida a um conselho de todo o sistema que consiste de cientistas de várias disciplinas, incluindo a lei da Sharia, leis econômicas, financeiras e de negócios, para garantir que as regras sejam definidas. garantir que os operadores económicos usufruam plenamente Com as obrigações contratuais com todas as partes interessadas. AAOIFI tem buscado ativamente a reconciliação internacional O faturamento padrão com certos padrões contábeis islâmicos fornece um guia útil para as regras da lei da Sharia. O IFSB, mais uma vez, fornece padrões muito valiosos que estabelecem o marco regulatório e os problemas de capital para as finanças islâmicas. nos padrões internacionais. Os esforços do IFSB, BID e AIOIFI facilitam ainda mais a aproximação, estandardização e harmonização em finanças islâmicas (Saidi, 2008)

Este livro examina os desafios de governança corporativa (GC) do IIFS e sugere opções para abordar esses problemas. Quatro principais preocupações motivam essa atenção para o CG IIFS:

O CG é importante para o desenvolvimento econômico;

As atividades do IIFS são significativas e crescentes.

Um CG sólido pode ser mais importante para organizações financeiras do que para outras organizações IIFs GC vulnerabilidades foram em estruturas convencionais de CG possivelmente não suficientemente considerado ,

Este livro é um dos poucos artigos que destaca a importância de examinar a governança corporativa de instituições que oferecem serviços financeiros islâmicos. O livro é valioso ao descrever a governança nas instituições islâmicas e descrever quantos problemas existem no processo de pesquisa, particularmente em relação ao Sharia Board e como ele opera. Um dos objetivos deste documento é discutir e aumentar a conscientização sobre algumas das principais questões da governança corporativa nas instituições financeiras islâmicas. Um segundo, mas mais importante, objetivo é fornecer algumas orientações essenciais sobre como melhorar a governança corporativa nessas instituições e capacitá-las a não só para manter seu ímpeto de crescimento e aceitação internacional, mas também para garantir o crescimento. Interesses de todas as partes interessadas. Este livro presta especial atenção aos mecanismos de governança corporativa, incluindo o conselho de administração, a alta administração, acionistas, depositantes, reguladores e supervisores. Também se concentra na gestão eficaz de riscos e, em particular, na criação de um ambiente favorável através de melhorias morais, controles sociais, legais e institucionais, maior transparência, controles internos e sharia e controles externos. O documento também menciona brevemente as instituições comuns necessárias para uma governança corporativa eficaz.

II. Fundamentos da finança islâmica.

Um dos principais objetivos do Islã é alcançar maior justiça na sociedade humana. De acordo com o Alcorão, todos os mensageiros de Deus foram enviados para promover a justiça, e toda sociedade em que não há justiça é finalmente levada ao declínio e à destruição. Um dos pré-requisitos essenciais para garantir a justiça são regras ou valores morais que são todos fielmente aceitos e cumpridos. O sistema financeiro pode ser justiça , se além disso para ser forte e estável, encontra-se, pelo menos, duas condições de acolhimento. Por um lado, a participação financeira deve acarretar o risco de não transferir todo o ônus da perda para o empregador ou o mutuário e, por outro lado, fornecer aos pobres em geral uma parcela justa dos recursos financeiros da empresa. Condições acessíveis por causa de sua capacidade de pagamento, para que possam realizar o sonho de possuir uma casa, concluir o ensino superior e o treinamento vocacional e criar suas próprias microempresas. Para cumprir a primeira condição da justiça, o Islã exige que tanto o financista quanto o empresário compartilhem os lucros e as perdas de forma justa. Para este fim, um dos princípios básicos das finanças islâmicas é: "Não há risco, não há renda". Isso deve ajudar a introduzir mais disciplina no sistema financeiro, motivando as instituições financeiras a serem mais cuidadosas na avaliação de riscos e no monitoramento efetivo do uso de fundos. dos mutuários. A dupla avaliação de risco dos atores financeiros e do empreendedor deve ajudar . Introduzir mais disciplina no sistema e não apenas aumentar a eficiência do uso de recursos, mas também reduzir a eficiência excessiva do crédito. (Chapra, 2011).

O financiamento islâmico é baseado na Sharia, um termo árabe frequentemente traduzido em "lei islâmica". A lei da Sharia fornece diretrizes para aspectos da vida muçulmana, incluindo religião, política, economia, bancos, negócios e direito. O financiamento em conformidade com a sharia (SCF) representa práticas financeiras que cumprem com a lei islâmica (Iliad, 2010)

As finanças islâmicas eram predominantemente praticadas na Idade Média no mundo muçulmano, com atividades comerciais e comerciais se beneficiando do desenvolvimento do crédito. Em Espanha, no Mediterrâneo e nos estados bálticos, os comerciantes islâmicos tornaram-se intermediários indispensáveis para as atividades comerciais. De fato, muitos conceitos, técnicas e instrumentos financeiros islâmicos foram adotados por financistas e empreendedores europeus.

Em contraste, o termo "sistema financeiro islâmico" é relativamente novo e só aparece em meados dos anos oitenta. De fato, todas as referências anteriores a atividades comerciais ou comerciais foram feitas de acordo com os princípios islâmicos sob o guarda-chuva de um banco "indispensável" ou "islâmico". No entanto, descrever simplesmente o sistema financeiro islâmico como "sem juros" não fornece uma imagem real do sistema geral. Sem dúvida, a proibição de receber e pagar juros é o cerne do sistema, mas é apoiada por outros princípios da doutrina islâmica que promovem a partilha de riscos, os direitos e obrigações das pessoas, os direitos de propriedade e a santidade. de contratos.

Da mesma forma, o sistema financeiro islâmico não se limita ao setor bancário, mas abrange investimentos, mercados de capitais e todos os tipos de intermediação financeira. A interpretação do sistema como "livre de juros" leva a confusão. As bases filosóficas de um sistema financeiro islâmico vão além da interação entre fatores de produção e comportamento econômico. Embora o sistema financeiro convencional se concentre principalmente nos aspectos econômicos e financeiros das transações, o sistema islâmico atribui igual valor às dimensões éticas, morais, sociais e religiosas, a fim de melhorar a igualdade e a justiça em benefício da sociedade. como um todo. O sistema só pode ser plenamente compreendido no contexto dos ensinamentos do Islã sobre a ética do trabalho, a distribuição da riqueza, a justiça social e econômica e o papel do Estado.

O sistema financeiro islâmico é baseado na proibição absoluta do pagamento ou do recebimento de um retorno predeterminado e garantido. Isso fecha a porta para a noção de interesse e impede o uso de ferramentas baseadas - dívida. O sistema promove o compartilhamento de riscos, promove o empreendedorismo, evita comportamentos especulativos e enfatiza a segurança dos contratos. As finanças islâmicas modernas existem em todo o mundo desde os anos 70. Atualmente, o Islamic Finance é um pequeno mas crescente segmento do setor financeiro global.

Nos últimos anos, o SCF se espalhou para outras partes do mundo. As finanças islâmicas estão crescendo na Europa e na América do Norte, onde os muçulmanos são minoria. Em agosto de 2004, a Financial Services Authority (FSA) do Reino Unido aprovou uma licença bancária para o primeiro banco islâmico do país, o Banco Islâmico da Grã-Bretanha (IBB). O IBB apoiaria o mercado consumidor com produtos compatíveis com Sharia. Em março de 2006, a FSA concedeu a licença do

Banco Europeu de Investimento Islâmico como o primeiro banco independente do Reino Unido para investimentos em conformidade com a Sharia. Em 1999, a Dow Jones divulgou seu primeiro índice de mercado islâmico, que cumpre internacionalmente as diretrizes da Sharia. O Dow Jones tem mais de 70 índices em seu nível islâmico e é recomendado por um advogado independente no conselho da Sharia.

Os fundamentos da finança islâmica.

Antes de poder estudar as várias ferramentas propostas pela Islamic Finance, você precisa saber como ela funciona e quais regras ela governa.

As finanças islâmicas são um sistema financeiro cujo funcionamento é regido pela lei islâmica, também conhecida como lei da Sharia. Com base nesta lei, a atividade é articulada. É importante notar que os princípios operacionais da lei islâmica não podem ser compreendidos com base nas leis e métodos de análise das finanças convencionais. De fato, é um sistema que tem suas origens e se baseia diretamente nos mandamentos religiosos. Portanto, se quisermos entender adequadamente os diferentes mecanismos da finança islâmica, devemos primeiro perceber que isso é o resultado da influência da religião na moralidade e, portanto, na moralidade da lei. E finalmente a lei econômica para financiamento. Antes de explicar os principais objetivos, vamos primeiro definir as fontes da lei islâmica.

fontes primárias

O Alcorão

O Alcorão é o texto mais sagrado do Islã. É a Palavra de Deus ditada ao profeta Maomé pelo anjo Gabriel. De acordo com este livro, o Profeta é o mediador responsável por transmitir a Palavra de Deus ao povo. O Alcorão é, portanto, a principal fonte da lei islâmica e tem precedência sobre todas as outras fontes da lei Sharia.

A Sunna (Hadith)

Durante toda a vida do Profeta, os muçulmanos pediram que ele explicasse algumas passagens do Alcorão para viver de acordo com o padrão que Deus lhes ensinara. Por isso, a Sunnah do Profeta foi escrita. É uma série de palavras, fatos e profetas do Profeta, com base nos quais os muçulmanos podem ser inspirados a definir sua orientação moral e comportamento.

fontes secundárias

A aprovação "Ijma"

A palavra "ijma" significa "acordo em um assunto" e neste caso corresponde a um acordo alcançado por advogados muçulmanos em algumas questões legais ou em uma situação particular.

O argumento por analogia "Qiyas".

Qiya é um estado constitucional criado com base na interpretação de uma nova situação usando regras já existentes no Alcorão ou na Sunnah.

Outras fontes

Após a morte do profeta Maomé e o desenvolvimento do islamismo nos quatro cantos do mundo, os advogados islâmicos foram às vezes confrontados com situações em que as soluções tinham que ser encontradas. Se nenhuma das fontes acima puder fornecer uma solução, a Ijtihad foi aprovada para resolver o problema.

Outras fontes podem ser usadas, mas como elas não são unânimes nas diferentes escolas de pensamento, simplesmente as citamos:

- O interesse universal "Al Maslaha al Moursala".
- O código de área "Al Istihsan"
- O uso de "Al Urf".
- A suposição de continuidade "Al Istishab".
- A opinião de um companheiro do Profeta.
- As leis dos antigos monoteístas.

Para determinar a decisão a tomar, os advogados muçulmanos usam essa hierarquia de fontes, começando com o Alcorão, depois com a Sunnah, e assim por diante, até que as escrituras lhes deem a solução para o questionamento.

Princípios e proibições das finanças islâmicas .

A lei islâmica é, portanto, uma lei cuja influência não se limita à esfera privada. Influenciar e fornecer informações sobre as áreas de economia, assuntos sociais, cultura e política. Embora a fronteira entre a economia islâmica e o mundo financeiro islâmico seja discreta, ela está bem estabelecida. Embora os princípios da economia islâmica sejam mais uma referência para controlar a atividade econômica geral, os que se relacionam com as finanças islâmicas têm uma dimensão muito mais prescritiva e normativa. De fato, a liquidação de transações relacionadas ao financiamento islâmico deve necessariamente ser acompanhada pelo cumprimento de certos critérios para sua implementação. A finança islâmica não é simplesmente guiada por esses princípios, é governada por eles. Antes que as proibições de grandes empresas no financiamento islâmico sejam determinadas, primeiro são descritos os princípios mais importantes que se aplicam às transações.

Princípios Empresariais nas Finanças Islâmicas

Distribuição de perdas e lucros.

A distribuição de lucros e perdas é um dos princípios básicos dos negócios islâmicos. A razão para esta distribuição de lucros e perdas (PPP) é que um contrato não pode ser criado de tal forma que todas as suas cláusulas beneficiem apenas uma parte do contrato. No caso de um provedor de ações e um empreendedor que deseja financiar seu projeto, a moralidade islâmica acredita que o contribuinte fornece parte de seu capital e tem direito a uma parte dos lucros. Devido ao sucesso do projeto, e vice-versa, o credor não pode reivindicar todos os benefícios do projeto. Este princípio permite a criação de uma relação de associação entre o credor e o contribuinte do capital, uma vez que este último, que potencialmente se beneficia dos lucros obtidos pelo projeto e contribui para esse lucro, também contribui para o seu sucesso. , Além disso, o credor aprende o empreendedor antes de participar do projeto, garantindo assim a legalidade do projeto que está sendo realizado.

Com base no clube, portanto são forneceu nenhuma garantia em relação ao montante disponível, mas um percentual fixo e salvos em renda projeto, que é determinada pelo início do relatório.

Em particular, através deste método de financiamento, o financiamento islâmico substitui os interesses que, como veremos, são proibidos nas finanças islâmicas.

Se o credor é um banco e o capital depositado é o dinheiro depositado pelos depositantes para fazê-lo, esses depositantes podem ser considerados investidores que recebem um dividendo quando o banco executa a compensação. Lucros ou perdas. Portanto, com esse tipo de contrato, o foco é mais na lucratividade potencial do projeto do que na solvência do empreendedor.

A presença de um subjacente.

O outro princípio básico dos negócios islâmicos é que as transações financeiras devem necessariamente estar ligadas a um ativo subjacente. Enquanto os bancos e as instituições financeiras do sistema financeiro convencional usam o dinheiro como meio de troca para agregar valor, a Islamic Finance acredita que o dinheiro não pode ser trocado em si. O dinheiro é apenas um meio de troca porque uma unidade de dinheiro tem exatamente o mesmo valor que outra unidade de dinheiro; Portanto, você não pode gerar lucros negociação este dinheiro, desde que o dinheiro não tem valor ou benefício intrínseco, portanto, qualquer transação financeira deve ser suportada por um ativo subjacente que não seja líquido. que pode ou não ser essencial. Veremos a aplicação desse princípio ao apresentar os vários instrumentos da finança islâmica.

Proibições nas finanças islâmicas

A proibição de Riba

A palavra "Riba" vem do verbo árabe "Raba", que literalmente significa

"[...] levanta e levanta algo próprio". Os advogados muçulmanos definem como "qualquer vantagem ou ganho que qualquer das partes contratantes faz sem uma contraparte aceitável e legítima da lei islâmica". Em geral, a Riba é semelhante ao interesse, mas na realidade o seu propósito é muito mais amplo. Juros são definidos como o valor que o devedor paga ao credor como compensação pelo uso do dinheiro emprestado. No entanto, referindo-se à definição da Riba, percebe-se que ela engloba um conjunto muito mais amplo de atividades, pois proíbe qualquer enriquecimento sem contrapartida e, mais especificamente, "qualquer benefício ou ganho". ilegal por causa da equivalência do valor das vantagens de cada um ao trocar dois ou mais ativos do mesmo tipo para o mesmo propósito eficiente. "Os advogados muçulmanos definiram duas categorias de Riba:

Riba Al-nasi'a e Riba Al-Fadl.

La Riba al-nasi'a

Este tipo de riba é a forma principal e se refere a produtos como metais preciosos e prata. Isso ocorre quando esses tipos de mercadorias são trocados por mercadorias do mesmo tipo, mas em uma proporção que faz com que uma das partes envolvidas receba uma quantia que não corresponde a essa data. Portanto, é nessa categoria da Riba que os juros de uma quantia emprestada, nesse caso, são pagos. Na verdade, há um item de Riba (dinheiro) que é trocado, mas em proporções desiguais, na medida em que o credor, recebe o valor do empréstimo mais o valor dos juros vinculados ao valor base. A proibição deste tipo de Riba é explicitamente declarada nas várias fontes da lei muçulmana.

La riba al-Fadl

Ele será realizado durante a troca de mercadorias do mesmo tipo, desde que uma das mercadorias trocadas tenha um valor superior ao valor das outras mercadorias trocadas. Esta Riba é explicada em um hadith (sunnah) e especifica 6 produtos (ouro, prata, trigo, cevada, tâmaras e sal) que produzem riba. Esses produtos, usados como meio de pagamento, tiveram que ser trocados em quantidades iguais. Por exemplo, esse tipo de riba poderia ocorrer quando trocamos o mesmo peso que o ouro, mas isso é de melhor qualidade que o outro ou, mais simplesmente, se eu trocar uma moeda por duas moedas do mesmo valor.

Para resumir, é importante para as finanças islâmicas evitar a Riba: qualquer compensação paga deve ser justificada e deve ser o resultado de um esforço ou trabalho que recompense o destinatário.

A proibição de Gharar.

Gharar é a segunda maior proibição das finanças islâmicas depois da Riba. Pode ser definido como "venda acidental de elementos prováveis cuja natureza insegura e arriscada faz com que pareçam jogos de azar".

O conceito está agora definido, é óbvio que Gharar existe em algum tipo dc contrato, já que nenhum contrato tem um resultado específico. Com base neste resultado, foi postulado que o "Gharar Minor" em nada altera a natureza do tratado e que ele foi aceito, em oposição ao "excessivo gharar", que é proibido por causa de seu perigo. A literatura de Gharar nos diz que esse conceito foi definido por muitos especialistas, mas, apesar dessa pluralidade de interpretações, os autores geralmente concordam com alguns elementos que causam conflitos. Nulidade dos contratos. estas condições como segue. Primeiro, essa incerteza associada ao contrato deve ser substancial para invalidar o contrato. Em segundo lugar, o contrato deve ser necessariamente um contrato bilateral e não unilateral, como no caso de uma doação ou de um serviço gratuito. Em terceiro lugar, essa incerteza deve ser baseada no propósito do próprio contrato. Este objeto abrange tanto o produto vendido quanto o preço especificado para este produto. Se houver alguma dúvida sobre essas duas partes do contrato, isso pode levar à rescisão do contrato. Finalmente, o Gharar é aceito nos casos em que o propósito do contrato não pode ser alcançado sem essa incerteza. Determinar essa distinção entre os excessivos menores de Gharar é o resultado de uma análise rigorosa de "custo-benefício".

Como mostrado, o Gharar é, portanto, uma proibição central e essencial do direito contratual no Islã, cuja identificação não é tão fácil quanto a da Riba. Uma análise caso a caso é a maior parte do tempo para determinar o tipo de Gharar com o qual estamos lidando. Deve-se notar que a forma mais explícita de Gharar é aquela associada ao jogo, que permite a avaliação de algumas variantes de Gharar, pois representa sua forma mais extrema.

Proibição de Qimar (perigo) e Maysir (especulação)

Esses dois conceitos estão intimamente relacionados aos de Gharar. Às vezes, eles são ainda confusos na literatura, mas há uma diferença entre esses dois termos. Qimar é muitas vezes referido como Maysir para saber algo que é realizado sem esforço. A diferença é que Maysir vai além dos jogos, porque equivale a um enriquecimento sem causa. No entanto, esses conceitos, embora significativamente diferentes, ainda estão vinculados.

De fato, a definição de Qimar refere-se à incerteza, mas deve-se notar que cada elemento de Qimar é um elemento de Gharar, enquanto todo elemento que está sujeito a Gharar não corresponde necessariamente a Qimar.

que alguns produtos financeiros tradicionais são proibidos porque contêm elementos de Maysir, como

B. Seguro. Contratos e opções de um tipo futuro também são proibidos, pois seu resultado depende das circunstâncias (natureza da mudança, ocorrência de um evento, etc.).

Proibição de investimentos nas áreas "Haram".

O financiamento islâmico deve ser socialmente responsável. Isso requer definir atividades que são "haram" (ilegais). e

"Halal" (legal). Para fazer essa definição, a regra básica é que todas as atividades que Allah criou e todos os benefícios resultantes são definidos:

"Halal implica esta regra, portanto, proibindo um grande número de áreas de atividade em que os muçulmanos não podem investir.

Outra diferença que precisa ser feita é entre o objeto puro e o impuro. Se o objeto é impuro, ele não pode ser o sujeito de uma transação, mas em alguns casos um objeto puro não pode ser o sujeito de uma transação (lugares sagrados, etc.).

Dada a ambiguidade das regras estabelecidas na literatura sobre a aceitação ou outro uso de certos campos de atividade, é muito difícil estabelecer regras claras para a legitimidade dessas áreas. No entanto, os principais setores onde o investimento é proibido são fáceis de detectar, já que a lei islâmica é clara nesse sentido, como no caso do álcool, tabaco ou pornografia.

III. Governança corporativa nas instituições financeiras islâmicas : conceitos básicos e problemas

A governança corporativa visa fornecer às instituições um conjunto de regras e princípios para garantir que as melhores práticas determinem o gerenciamento geral de uma instituição. Agora, compreende todo o processo de governança corporativa e a estrutura dos incentivos para resolver os problemas dos agentes-chave e para assegurar que a administração atenda aos melhores interesses de longo prazo de acionistas e acionistas sustentáveis. Valor da empresa de acordo com as leis e ética do país. Todos os fatores complexos relacionados ao equilíbrio de poder entre o CEO, o Conselho e os acionistas agora são considerados parte da empresa. Estrutura de governança que inclui auditoria, relatórios fora do balanço e transparência (Saidi, 2008)

Como as instituições financeiras islâmicas são confiáveis para seus clientes, elas devem ter um sistema formalizado Certifique-se de que todas as atividades estejam de acordo com a Sharia. O que exatamente constitui um sistema efetivo de governança da Sharia é controverso, mas fica claro quando se analisa as experiências de diferentes países e instituições que possuem sistemas diferentes. Esta abordagem pluralista tem vantagens, uma vez que a estrutura legal sob a qual as instituições financeiras islâmicas operam é não só sharia, mas também no que diz respeito à aplicação do direito geral ou civil dos países. Além disso, as expectativas dos clientes quanto à governança aceitável e eficaz da Sharia diferem e, como este estudo indica, a maioria dos sistemas em uso atualmente são sistemas de mercado e não-governamentais. De fato, a governança da sharia nas finanças islâmicas foi amplamente privatizada e não nacionalizada. A credibilidade das instituições financeiras em relação aos seus clientes foi destacada pela crise financeira de 2008, quando algumas instituições financeiras tradicionais foram confrontadas com uma série de depósitos. Muitas instituições financeiras tradicionais descobriram que perderam a confiança de outros bancos e, portanto, não podem mais depender do mercado interbancário para obter financiamento. O simples fato de haver uma sharia board, claro, era a imunidade à crise de liquidez ou a superação das dificuldades associadas à crise do crédito. No entanto, ficou claro que os bancos islâmicos em muitos países alcançaram melhores resultados do que seus omologhi convenzionali. (Wilson, 2009)

Isto foi devido a dois fatores que estão positivamente relacionados à liderança da Sharia. Primeiro, os bancos islâmicos devem confiar nos depositantes em vez de empréstimos interbancários para protegê-los da crise de crédito. No entanto, sua capacidade de continuar a se beneficiar desses recursos depende de como o depositante percebe a integridade do sistema de governança da Sharia. Em segundo lugar, os bancos islâmicos não podem ter atividades que acabem sendo tóxicas, já que os contratos de derivativos seriam para empréstimos ou títulos garantidos, já que não estão em conformidade com essas atividades da Sharia e sua aquisição não foi aprovada por nenhum Conselho Sharia.

Em outras palavras, enquanto a administração de crédito, liquidez, risco operacional e outros riscos é de responsabilidade do órgão governamental de um banco islâmico, a boa governança da Sharia impede que a Sharia se prejudique financeiramente. causando ganância humana e excessos descontrolados. Tal comportamento não ocorre no setor financeiro islâmico e é um governo efetivo da Sharia que promove moderação e equidade nas transações financeiras.

A. Definição de governança corporativa

O problema da agência decorre da relação entre os proprietários e a administração. O escândalo de governança corporativa levou os cientistas a definir governança corporativa com base na perspectiva de resolver problemas ou a perspectiva dos assuntos corporativos. A maioria das definições também afirma que o mecanismo de governança interna inclui o conselho de administração e a estrutura de propriedade, enquanto o envolvimento externo toma conta do mercado e do sistema legal.

Os governos dos 30 países da OCDE concordaram em uma versão revisada dos Princípios da OCDE de Governança Corporativa que contêm novas recomendações para as melhores práticas de comportamento empresarial, a fim de construir a confiança pública nas empresas e mercados de ativos e preservar.

A política revisada aborda uma série de questões que afetaram a confiança dos investidores na administração da empresa ou nos últimos anos. Eles pedem aos governos que garantam um ambiente regulatório verdadeiramente eficaz e sejam verdadeiramente responsáveis pelas próprias empresas. Eles apoiam uma maior conscientização dos investidores institucionais e um papel efetivo dos acionistas na remuneração dos executivos. Eles também exigem mais transparência e divulgação para combater conflitos de interesses.

A governança corporativa visa fornecer às instituições um conjunto de regras e princípios para garantir que as melhores práticas determinem o gerenciamento geral de uma instituição. Agora, isso significa todo o processo de gestão de uma empresa e a estrutura de incentivos para resolver os problemas dos agentes-chave e para garantir que a administração atenda aos melhores interesses de longo prazo dos acionistas e ao valor sustentável da empresa. em conformidade com leis e acordos. A ética do país. Todos os fatores complexos relacionados ao equilíbrio de poder entre o CEO, o Conselho e os acionistas são agora considerados parte da estrutura de governança corporativa, incluindo auditoria, balanço e relatórios e transparência fora do balanço.

Portanto, governança corporativa refere-se ao método pelo qual uma empresa é gerenciada, gerenciada e controlada. Ele contém as leis e os hábitos que influenciam essa direção, bem como os objetivos para os quais ela se destina. Os mecanismos de governança corporativa, incentivos e controles visam reduzir as ineficiências devidas ao risco moral e à seleção adversa. A governança corporativa também é entendida como um processo para monitorar o desempenho através de contramedidas adequadas e o tratamento da transparência, integridade e responsabilidade. Organize a forma como as empresas prestam contas aos acionistas e ao público e supervisionam a administração das organizações para conduzir seus negócios.

Os Princípios de Governança Corporativa da OCDE, publicados pela primeira vez em 1999, foram adotados como referência na OCDE e em outros países. O Fórum de Estabilidade Financeira o utiliza como um dos doze principais padrões para garantir a estabilidade financeira internacional e o trabalho do Banco Mundial na melhoria da governança corporativa em mercados emergentes (Saidi, 2008).

Em 2002, os governos da OCDE pediram uma revisão dos princípios para refletir os desenvolvimentos no setor empresarial. O texto revisto é o resultado de um processo de consulta que envolve representantes dos governos da OCDE e de países terceiros, bem como sociedades e organizações profissionais, sindicatos e organizações da sociedade civil. e organizações de padrões internacionais. A OCDE lançou uma revisão dos Princípios em 2003, à luz das recentes mudanças e desenvolvimentos. Após uma revisão completa, os Princípios de Governança Corporativa revisados e revisados adotados pela OCDE em abril de 2004 adotaram a experiência dos países da OCDE. mas também a economia emergente e em desenvolvimento. Os princípios revisados Eles não são vinculativos e governos e participantes do mercado têm que decidir por si mesmos. Ele também reconheceu a adaptabilidade dos princípios como referência em vários contextos legais, econômicos e culturais. "Governança corporativa é o sistema pelo qual as empresas comerciais são gerenciadas e controladas: A governança corporativa determina a distribuição de direitos e responsabilidades entre os diversos participantes da empresa, como o conselho de administração, gerentes, acionistas e outras partes interessadas, e estabelece as regras e padrões Isso também fornecerá as estruturas que definirão as metas corporativas e os meios para atingir essas metas e monitorar o desempenho ".A seguir estão as principais áreas dos princípios da OCDE e os seus comentários são listados a seguir: (Abu-Tapanjeh, 2009), e para atingir essas metas e monitorar o desempenho dos fundos. "Posteriormente, as principais áreas dos princípios da OCDE e os seus comentários são listados a seguir: (Abu-Tapanjeh, 2009) e para atingir essas metas e monitorar o desempenho dos fundos." A seguir estão as principais áreas dos princípios da OCDE e da sua Nota: (Abu-Tapanjeh, 2009) A seguir estão as principais áreas dos princípios da OCDE e os seus comentários incluídos: (Abu-Tapanjeh, 2009) As seguintes áreas são as principais áreas de princípios da OCDE e suas Notas: (Abu -Tapanjeh, 2009) a seguir estão as principais áreas dos princípios da OCDE e os seus comentários incluídos: (Abu-Tapanjeh, 2009) e os meiospara atingir esses objetivos e monitorar o desempenho. "Estas são as principais áreas dos princípios da OCDE e os seus comentários são listados a seguir: (Abu-Tapanjeh, 2009) As seguintes áreas são as principais áreas de princípios da OCDE e suas Notas: (Abu-Tapanjeh, 2009) A seguir estão as principais áreas de princípios da OCDE e suas Notas: (Abu-Tapanjeh, 2009) a seguir estão as principais áreas dos princípios da OCDE e os seus comentários incluídos: (Abu-Tapanjeh, 2009), e para atingir essas metas e monitorar o desempenho dos fundos. "Estas são as principais áreas dos princípios da OCDE e os seus comentários são listados a seguir: (Abu-Tapanjeh, 2009) as seguintes áreas são as principais áreas de princípios da OCDE e suas Notas: (Abu-Tapanjeh,2009) as principais áreas de princípios da OCDE e suas Notas: (Abu-Tapanjeh, 2009) 2009) A seguir estão as principais áreas dos princípios da OCDE e os seus comentários incluídos: (Abu-Tapanjeh, 2009) 2009) A seguir estão as principais áreas da OCDE Princípios e seus comentários: (Abu-Tapanjeh, 2009)

Princípio 1: Garantir a base para uma estrutura de governança eficaz.

Nota: A estrutura de governança corporativa deve promover mercados transparentes e eficientes, ser constitucional e articular com clareza a divisão de responsabilidades entre as várias autoridades de supervisão, regulatórias e de conformidade.

Princípio 2: Direitos dos acionistas e importantes funções imobiliárias.

Nota: A estrutura de governança corporativa deve proteger e facilitar o exercício dos direitos dos acionistas.

Princípio 3: Tratamento justo dos acionistas. Nota: A estrutura de governança corporativa deve garantir o tratamento justo de todos os acionistas, incluindo acionistas minoritários e acionistas estrangeiros. Todos os acionistas devem poder obter um recurso efetivo contra a violação de seus direitos.

Princípio 4: O papel dos grupos de interesse na governança corporativa. Nota: O sistema de governança corporativa deve reconhecer os direitos das partes envolvidas na lei ou por acordos mútuos, e estimular a cooperação ativa entre empresas e partes interessadas para criar riqueza, empregos e sustentabilidade empresas financeiramente sólidas.

Princípio 5: Divulgação e Transparência.

Nota: O sistema de governança corporativa deve assegurar que a divulgação oportuna e precisa de todos os assuntos importantes da empresa, incluindo a situação financeira da empresa, desempenho, propriedade e governança.

Princípio 6: as responsabilidades do Conselho.

Nota: A estrutura de governança corporativa deve assegurar a direção estratégica da empresa, o controle efetivo da administração pelo conselho de administração e a responsabilidade do conselho de administração em relação à empresa e aos acionistas.

O tema principal do princípio anterior é baseado em quatro princípios básicos. O primeiro é o mecanismo de ética empresarial, o segundo é o mecanismo de tomada de decisões, o terceiro é a divulgação e transparência adequadas e, por último, mas não menos importante, o mecanismo de contabilidade e as contas finais. Esses princípios da OCDE são tão fortes que os membros que não são membros da OCDE também o estão implementando e implementando.

A força desses princípios foi demonstrada por sua aceitação mundial. A próxima seção discute a visão islâmica de governança corporativa do ponto de vista islâmico.

Pesquisadores definiram governança corporativa de várias maneiras, e as definições mais comuns são as seguintes. A OCDE define o CG como "uma série de relações entre a administração de uma empresa, seu conselho de administração, seus acionistas e outras partes interessadas", e a governança corporativa também define a estrutura através da qual as metas corporativas são determinadas. e os meios para atingir esses objetivos e monitorar o desempenho são definidos. "

Esta definição fornece importantes atributos do CG e sublinha a transparência. No entanto, não aborda diretamente o problema inerente aos objetivos de negócios que devem reger a distribuição de direitos e obrigações dentro da empresa. Pode-se até esperar que as metas dos fundadores, tanto aumentando o valor dos acionistas quanto perseguindo os interesses das partes envolvidas, influenciem essa distribuição e influenciem a estrutura e os sistemas institucionais. Em particular, a distribuição de direitos e obrigações entre acionistas e outras partes interessadas seria determinada pelos interesses daqueles que encontraram e controlam a empresa.

Os princípios revistos sublinham a importância de um quadro de governação que promova mercados eficientes, permita uma aplicação eficaz e defina claramente as responsabilidades entre as várias autoridades reguladoras, de supervisão e de supervisão. Eles também enfatizam a necessidade de garantir uma governança corporativa transparente para que o conselho e a administração sejam verdadeiramente responsáveis. Outros tópicos aos quais as normas revisadas pertencem incluem: (OCDE, 2004)

Investidores institucionais

Eles devem divulgar suas políticas de governança corporativa, como optam por usar seus direitos de voto e como lidam com conflitos de interesse que poderiam comprometer seu voto.

As restrições de consulta dos acionistas sobre as intenções de voto devem ser reduzidas para reduzir o custo de propriedade deliberada.

Direitos dos acionistas

Os direitos dos investidores devem ser fortalecidos. Os acionistas devem poder lembrar membros do Conselho e participar efetivamente do processo eleitoral e do processo eleitoral.

Eles devem poder comentar sobre as políticas de remuneração de executivos e gerentes e cada componente de capital deve estar sujeito a autorização.

Conflitos de interesse e responsabilidade do auditor.

Uma nova política exige que as agências de classificação de crédito e os analistas evitem conflitos de interesse que possam prejudicar seus conselhos.

As funções do revisor oficial de contas devem ser reforçadas e incluir a responsabilidade perante os acionistas, bem como o dever da empresa de exercer a necessária diligência profissional durante a execução da auditoria.

Os auditores devem ser completamente independentes e não devem ser afetados por outros relacionamentos com a empresa.

Questões de direitos e proteção de informantes.

Os princípios dizem respeito aos direitos das partes envolvidas, seja por lei ou por mútuo acordo.

Um novo princípio promove a proteção de denunciantes, incluindo instituições que podem lidar com suas queixas ou reclamações, e dá acesso confidencial a um membro do Conselho.

Responsabilidades do Conselho de Administração

Os deveres e responsabilidades do Conselho de Administração foram definidos como fiduciários, o que é particularmente importante em relação aos grupos empresariais.

O princípio, que abrange a independência e a objetividade do Conselho, foi ampliado para evitar conflitos de interesse e cobrir situações caracterizadas pelo bloqueio e controle dos acionistas, e a responsabilidade do Conselho de Administração de supervisionar os sistemas de controles internos relevantes. para informações financeiras.

Um conceito de governança corporativa a partir de uma perspectiva islâmica não é significativamente diferente da definição convencional porque se refere a um sistema que será realizada pela empresa e controlada, a fim de alcançar a meta da empresa por interesses e direitos são protegidos por todos os interessados. Como parte da governança corporativa no paradigma islâmico, em características excepcionais e funcionalidades em relação ao diferente sistema convencional, uma vez que é referido como um caso especial de uma teoria da decisão mais ampla, a premissa da epistemologia social - da ciência islâmica - usa unidade divina de Deus: Uma Definição do Comitê de Finanças de Governança Corporativa na Malásia no Relatório de Governança Corporativa lê:

Governança Corporativa é o processo e a estrutura que é usada para controlar e controlar os negócios e negócios da Empresa com o objetivo de melhorar a prosperidade e responsabilidade corporativa da Companhia e outras partes interessadas são consideradas.

Isso indica que a governança corporativa se aplica não apenas aos acionistas, mas também a outras partes interessadas.

A governança corporativa nas finanças islâmicas exige que as instituições financeiras islâmicas cumpram um conjunto de regras conhecidas como leis islâmicas ou

Sharia. A Sharia governa a operação e o negócio bancário é baseado em princípios islâmicos derivados do Alcorão e do Hadith.

B. Sistema de governança corporativa em todo o mundo .

1. Sistema de governança corporativa anglo-saxônica.

O sistema anglo-saxão é a principal fonte de financiamento corporativo. Portanto, o foco principal da governança corporativa anglo-saxônica é o interesse dos acionistas na aplicação do princípio, pelo qual o direito de cada acionista de votar de acordo com as disposições da lei, que protege o acionista contra a administração na qual ele se encontra Acionista abusado. O dinheiro da empresa que pode influenciar os ativos dos acionistas.

O sistema de governança corporativa anglo-saxão é composto por um conselho de administração composto por executivos e membros não executivos. Os diretores executivos são os gerentes das empresas; Os conselheiros não executivos representam os acionistas para monitorar o gerente em suas atividades cotidianas. Os membros dos administradores executivos e não executivos são nomeados e destituídos pela assembleia geral de accionistas. (Alnasser e Muhammed 2012)

2. Sistema Alemão de Governança Corporativa.

O sistema de governança corporativa alemão trata a empresa como uma entidade econômica independente da qual os acionistas e partes interessadas da empresa podem se beneficiar. Os países que implementam esse sistema usam dois sistemas de reuniões, que consistem em um conselho de supervisão e uma diretoria. As principais atribuições do Conselho Fiscal são: Nomeação do Conselho de Administração e demissão do Administrador, bem como avaliação do andamento da administração. O sistema de governança corporativa germânico considera o banco a principal fonte de financiamento. Como resultado, o Banco tem direitos de voto significativos na Assembleia Geral Anual e também representa os interesses dos acionistas em um Conselho de Administração. (Alnasser e Muhammed 2012)

3. Sistema de Governança Corporativa na América Latina.

O sistema de governança corporativa latino é considerado mais flexível que os sistemas anteriores. Em um contexto a bordo, as empresas latino-americanas têm a oportunidade de eleger um conselho de administração para combinar o sistema anglo-saxão ou dois, já que no sistema alemão os acionistas têm mais influência sobre o sistema latino; Sistema de votação para. (Alnasser e Muhammed 2012)

4. Sistema de Governança Corporativa Japonesa.

O conselho de administração do sistema japonês inclui um conselho de administração, um escritório de representação e um escritório de auditoria. O presidente raramente é o presidente do conselho. Os bancos têm um grande impacto no processo de tomada de decisão da administração no sistema japonês. (Alnasser e Muhammed 2012)

C. Governança da Sharia nas finanças islâmicas

As Instituições Financeiras Islâmicas são obrigadas a garantir o cumprimento dos princípios da Sharia em todas as áreas de seus produtos, instrumentos, operações, práticas e gerenciamento, o que é alcançado através do estabelecimento de uma estrutura apropriada de governança da Sharia. Portanto, o monitoramento da Sharia desempenha um papel essencial na governança da instituição financeira islâmica e faz parte do principal componente da estrutura de controle da Sharia. Uma das responsabilidades do Conselho Supervisor da Sharia é assessorar instituições financeiras islâmicas no México. Na Sharia, questões relativas à garantia de conformidade com a Sharia em suas operações são aprovadas e validadas em todos os momentos pela documentação relevante sobre os produtos e serviços das instituições financeiras islâmicas. O papel ideal da supervisão da sharia inclui os aspectos ex ante e ex post do governo da sharia, que incluem a declaração, supervisão e revisão da lei sharia. A este respeito, o quadro de governação da Sharia na Malásia baseia-se no modelo centralizado comparado com o modelo descentralizado praticado nos países do CCG. O modelo centralizado é baseado no fato de que o próprio banco central tem seu próprio conselho sharia chamado Sharia O Conselho Consultivo referido no Artigo 51 do Banco Central da Lei da Malásia de 2009 e todas as instituições financeiras islâmicas devem criar seu próprio comitê Sharia, que deve atender aos padrões estabelecidos pelo Comitê Consultivo do Banco Central. A importância da vigilância da Sharia é baseada em cinco recursos diferentes: religioso, social, econômico, legal e público. A posição religiosa deriva da capacidade de os estudiosos da sharia compreenderem e interpretarem os princípios da Sharia para os outros. O poder social da supervisão da Sharia dá às partes interessadas confiança na legalidade das transações e nas atividades das instituições financeiras islâmicas. O poder econômico ou o Mico de supervisão ou A lei da Sharia pode ser vista no fato de que a lucratividade de uma instituição financeira islâmica depende das realizações dos estudiosos da Sharia. Em termos de autoridade legal, é derivado de uma variedade de fontes, incluindo as autoridades reguladoras dos respectivos países. A posição hierárquica de vigilância da Sharia entre os acionistas das instituições financeiras islâmicas enfatiza sua superioridade sobre outros órgãos governamentais, capacitando-os para definir suas políticas domésticas, incluindo responsabilidades, responsabilidades e relacionamentos com as outras instituições.

O governo Sharia, que se refere a todos os elementos do papel ativo do Conselho de lei Sharia ea observância de Sharia, é particularmente importante para os bancos islâmicos é essencial, e a implementação de governo Sharia é a vontade essencial dos órgãos reguladores internacionais como a Organização Contábil e a Auditoria da Instituição Financeira Islâmica (AAOIFI) e o Conselho de Acionistas da Sharia dos Serviços Financeiros Islâmicos. O SSB desempenha um papel muito importante na garantia de uma boa liderança da Sharia. A tarefa do SSB é envolver o Conselho em matéria de Shariah, para garantir que as operações a qualquer momento em conformidade com os princípios da Sharia por documentação relevante em termos de produtos e serviços e políticas internas para ser aprovado e validado., e manuais de marketing e promocionais.

A dinâmica e boa governança da Sharia é a essência do desenvolvimento do setor bancário e financeiro islâmico na Malásia. O bom governo da Sharia garante a dinâmica do crescimento financeiro islâmico.

Os interesses das partes interessadas podem se estender além dos interesses financeiros a valores éticos, religiosos ou outros, em que uma boa governança corporativa é necessária. Nos bancos islâmicos, acionistas e pesquisadores islâmicos exigem que a operação dos serviços oferecidos seja regida pela lei da Sharia, caso contrário, eles estarão sujeitos a processos judiciais sem autorização. Portanto, a governança corporativa através da operação da Sharia é essencial.

Todo banco islâmico ou instituição financeira tem consultores religiosos internos chamados SSBs como parte da estrutura de governança interna da instituição. Em alguns países, as autoridades firmaram um acordo de supervisão, como o Conselho Sharia nos departamentos bancários islâmicos das autoridades de supervisão. Estes geralmente funcionam no contexto de agentes do mercado privado, independentemente de você estar familiarizado com as finanças islâmicas.

As prerrogativas da SSB estão divididas em cinco áreas principais: certificação de instrumentos financeiros autorizados pela fatwa (auditoria ex-ante-shari'ah), auditoria de conformidade das operações da fatwa (auditoria ex Shari'ah), cálculo e pagamento de Zakat A taxa, que não é Sharia, recomenda a distribuição de renda ou despesa entre os acionistas do banco e os titulares da conta de investimento. Cada SBB publica um relatório para confirmar o cumprimento da lei da Sharia para todas as transações financeiras. Além do SSB, a maioria das instituições financeiras islâmicas estabeleceu uma estrutura interna diferente da Revista Shari'ah, ou seja, as unidades da Revista Shari'ah. Essas unidades são independentes dos outros departamentos ou fazem parte do departamento de controle e da auditoria interna.

Nos últimos anos, o Conselho de Serviços Financeiros Islâmicos (IFSB) desenvolveu três princípios norteadores para ajudar a fortalecer estruturas e processos de governança em vários segmentos da indústria de serviços financeiros islâmicos (IFSI) Estabilidade do sistema. Notou-se que as preocupações sobre os papéis e funções dos Conselhos da Sharia, que fazem parte do sistema de governança mais amplo, têm sido um tema recorrente em todos os três projetos. Isso é importante, considerando A observância das regras e princípios da Sharia é a razão de ser do IFSI. De facto, outras normas do IFSB, e. Em termos de gerenciamento de riscos, adequação de capital e revisão prudencial, incluindo requisitos e recomendações para assegurar que um sistema de governança Sharia apropriado esteja implementado.

Como resultado, o Conselho do IFSB, em sua nona sessão em Jeddah, aprovou o desenvolvimento de um conjunto de princípios orientadores para o sistema de governo da Sharia, que deveria:

(A) complementa as outras exigências regulamentares da IFSB, que diz particularmente respeito às autoridades reguladoras e outras partes interessadas no setor, que são parte de um sistema Sharia estado sólido, em particular no que diz respeito à lei reguladora, descrever plenamente a competência, independência, confidencialidade e durabilidade o representante da Sharia;

(b) promover uma melhor compreensão das questões de governança da Sharia e como as partes interessadas devem assegurar que exista um sistema adequado e eficaz de governança da Sharia;

(c) garantir maior transparência no que diz respeito à emissão e ao processo de revisão / revisão, a fim de cumprir as resoluções da Sharia; e

(d) assegurar uma maior harmonização das estruturas e procedimentos de governança da Sharia em todos os países e territórios, especialmente porque há um número crescente de IIFS com operações transfronteiriças.

D. Definição e Escopo do Sistema de Governança da Sharia

O termo "sistema de governança da Sharia", embora geralmente usado no IFSI refere-se às estruturas e processos adotados que estão interessados no IFSI (por reguladores financeiros para participantes do mercado) para garantir o cumprimento das regras e princípios A lei da Sharia não foi definida corretamente em nenhum dos padrões existentes. Por uma questão de clareza, este documento adotará a seguinte definição do "Sistema de Governança da Shari'a" e de outros termos-chave:

O "Shari'a Governance System" refere-se aos arranjos institucionais e organizacionais pelos quais um IIFS assegura que o cumprimento da Sharia seja efetivamente monitorado em cada uma das seguintes estruturas e processos:

(A) emitir resoluções / resoluções Sharia relevante Os "pronunciamentos Sharia / resoluções" referem-se a um parecer jurídico sobre todos os assuntos que se relacionam com as questões da Shariah em finanças islâmicas, devidamente autorizadas pelo comitê de padrões Shariah foram atribuídos. Em jurisdições onde não há nenhuma autoridade central, como o Conselho Nacional de Conselho Shari`ah ou Fatwa está habilitada esta autoridade central para emitir tais declarações / resoluções, levando a um Conselho de Sharia O IIFs geralmente se concentra apenas assegurar que o IIFS cumpra as declarações / resoluções da autoridade central. uma vez Decidiu-se implementar uma declaração / resolução da Sharia, torna-se uma "lei da Sharia" (Hukm al-shar'i) com um efeito legal completo, que liga o IIFs. Uma explicação / resolução do Sharia é emitido apenas por processos apropriados que incluem, entre outras coisas, uma consulta estrita entre os membros do Conselho de Sharia em relação a todos os produtos propostos ou transações que estejam em conformidade com a Sharia. Apoio à Shari'a e uma revisão detalhada de contratos legais e outros documentos relevantes para produtos ou transações.

(B) a divulgação de informações em tais declarações / resoluções do Sharia para o pessoal operacional da ISF, que monitora o cumprimento diária das declarações / resoluções do Shariah em relação a cada nível operacional e cada transacção. Tal tarefa, normalmente, a partir de um "Shariah Compliance Departamento / Department" ("ICSU)" ou, pelo menos, um Compliance Officer Sharia, a parte da Equipe de

Compliance IIFs é executado. O IIFs deve fornecer o ICSU com as capacidades necessárias para controlar o cumprimento dos regulamentos e um conhecimento adequado da sharia, por exemplo, montar um grupo de funcionários com dois FähigkeitenISCU diferente é independente e independente das unidades de negócios e departamentos.

(c) Uma revisão / verificação interna da conformidade da Sharia para conformidade com a Sharia, que registra e relata todos os incidentes de não conformidade e, se possível, manipula e corrige os kits IFSB-3. Declarações / decisões da Sharia emitidas por assembléias da sharia devem ser estritamente observadas. Portanto, a revisão interna da Sharia seria atribuída a uma pessoa devidamente treinada em verificação de conformidade / conformidade com a Sharia, de modo que ele ou ela tenha um conhecimento proficiente do processo.

Embora a ISCU faça parte da equipe de conformidade do IIFS, a Unidade de Auditoria Interna / Auditoria da Sharia (ISRU) pode ser configurada para funcionar da mesma maneira que a equipe de auditoria interna do IIFS. A principal diferença é que, embora o Auditor Interno geralmente informe o Comitê de Auditoria, o ISRU informa o Conselho de Shari'ah.

Quando apropriado, os relatórios de auditoria / auditoria interna da Sharia são convidados a recomendar ou recomendar a administração do IIFS para resolver e resolver os problemas de conformidade com a Sharia.

(D) Uma checagem / verificação de conformidade para verificar se a revisão anual da shari'ah / revisão interna da shari'ah foi realizada adequadamente, e suas conclusões foram anotadas pelo Shari'ah Board. O Shariah Board, que emitiu declarações / resoluções da Sharia, pode assumir este processo depois de receber comentários e relatórios do ISRU. Alternativamente, essa tarefa pode ser atribuída a um auditor externo ou a uma empresa externa competente.

O Sharia Board, ou Sharia Consultancy, que realizou o cumprimento de auditoria / auditoria da Sharia, deve produzir relatórios mostrando se o IIFS atende aos requisitos da Sharia durante todo o exercício.

Se necessário, dois relatórios podem estar disponíveis: Uma declaração geral de conformidade deve ser incluída no Relatório Anual do IIFS. e uma descrição mais detalhada do trabalho de conformidade feito especificamente para os reguladores.

E. Modelo de governança da Sharia sob uma perspectiva regulatória

Sistema de governança da Sharia, conforme definido nas Diretrizes para Bolsas de Estudo da Sharia. O sistema de governança do IFSB que oferece financiamento islâmico (IFSB-10) refere-se a vários arranjos institucionais e organizacionais para monitorar o cumprimento da lei da Sharia nas instituições financeiras islâmicas (IFIs). A este respeito, a maioria das IFIs criam o seu conselho de Sharia, e algumas até criam uma unidade interna ou departamento dedicado a rever a Sharia para ajudar o conselho de Shari'ah no desempenho da sua função. , , Isso aponta para um desenvolvimento positivo do aspecto da governança da Sharia nas instituições financeiras internacionais. Um olhar sobre as diferentes estruturas e estilos da Governança do Shari em diferentes ambientes jurídicos e diferentes modelos de bancos.

A estrutura existente das finanças islâmicas nos diferentes territórios mostra diferentes práticas e modelos do sistema de governança da Sharia. Alguns países preferem um maior envolvimento dos reguladores e outros países preferem o contrário. Até agora, ainda é discutível se o primeiro ou o segundo é mais comum e adequado para uma possível adoção. Para ilustrar essas diferentes abordagens, este estudo identifica cinco modelos de governança sharia no contexto da perspectiva regulatória.

5. Fogo reativo

Este modelo é mais comum em países com estruturas legais não-islâmicas, como o Reino Unido e a Turquia. Embora os bancos israelenses tenham recebido várias licenças bancárias islâmicas, a autoridade reguladora está em silêncio sobre a estrutura da lei da Sharia. Como qualquer outro banco tradicional, as IFIs devem cumprir as leis e regulamentações existentes. Além disso, as IFIs são obrigadas a garantir que todos os seus negócios e produtos cumpram a lei da Sharia. Não há legislação específica para IFIs e diretrizes que estabeleçam a estrutura da Sharia. Neste momento Os reguladores responderão e intervirão nas questões de governança da Sharia somente quando surgem problemas significativos no setor. Por exemplo, a Autoridade de Serviços Financeiros do Reino Unido lida apenas com o papel do Conselho de Administração das Instituições Financeiras Internacionais da Shari'a como consultor e regulador, em vez de como executivo.

6. Abordagem Passiva

Este modelo é exclusivo do modelo Sharia na Arábia Saudita. A Agência Monetária da Autoridade Saudita

(SAMA) trata instituições financeiras internacionais como suas contrapartes convencionais. A SAMA ainda tem leis para promulgar o financiamento do Islã e diretrizes sobre a governança da Sharia. Não existe nenhum órgão consultivo ou instituição nacional da Sharia que seja o único órgão autorizado nas finanças islâmicas. O atual sistema de governo da Sharia, como praticado pelas IFIs no Reino, é um produto de sua própria iniciativa, e não um requisito regulatório ou endereço da autoridade reguladora.

7. Abordagem Minimalista

Este modelo é praticado principalmente pelos países do CCG, exceto Omã e Arábia Saudita. Ao contrário da abordagem reativa, o modelo minimalista permite uma intervenção regulatória fácil. Os supervisores esperam que as IFIs tenham um sistema apropriado de estado Sharia sem especificar os requisitos detalhadamente. Não há restrições quanto à nomeação múltipla do Conselho Sharia para poder sentar-se em diferentes instituições em momentos diferentes. Algumas jurisdições em países do GCC, como Bahrein, Dubai e Qatar, são a favor de adotar os padrões de governança da AAOIFI. A abordagem minimalista prefere que o mercado desenvolva seu próprio sistema de controle comum, em vez de ser mais intrusivo para os reguladores.

8. Abordagem proativa

Este modelo é preferido pela autoridade reguladora da Malásia. O defensor desse modelo tem forte confiança na abordagem baseada em regras para fortalecer a estrutura de governança da Sharia. Com essa motivação, a autoridade reguladora da Malásia está iniciando uma estrutura de governança completa para a Sharia de uma perspectiva regulatória e não-regulatória. Existem várias leis que foram aprovadas pelo Parlamento e modificados, como o Islamic Banking Act 1983, a Lei Takaful de 1984, a Lei de instituições bancárias e financeiras de 1984 e da Securities Act de Segurança de 1993 e a Lei do Banco Central 2009 A Malásia confirma o status do Conselho Consultivo da Sharia (SAC), que será o único órgão autorizado de finanças islâmicas.Além disso, o Banco Negara Malaysia (BNM) emitiu o Comitê de Diretrizes de Governança da Shariah para Instituições Financeiras Islâmicas (BNM / GPS1). Além disso, a Comissão da Malásia Securities nas Diretrizes de Consultoria 2009 Shari'ahs emitido, em que os critérios para o registo de um Consultor Shariah previsto no setor de mercado de capitais.

9. Abordagem intervencionista.

Embora a abordagem passiva seja única na Arábia Saudita, o modelo intervencionista é único em relação ao modelo do governo da Sharia no Paquistão. O modelo intervencionista permite que instituições de terceiros tomem decisões sobre as questões da sharia que fazem parte do financiamento islâmico. No caso do Paquistão, o Tribunal Federal da Shari'ah é a mais alta autoridade em finanças islâmicas, apesar do estabelecimento do Conselho de Diretores da Shari'ah do Banco do Estado do Paquistão.

Os acionistas esperam cada vez mais que as empresas cumpram rigorosos padrões de governança corporativa. Em essência, a governança corporativa é o sistema pelo qual as empresas são gerenciadas e controladas e envolve a introdução de estruturas e processos que levam em conta os valores de imparcialidade, transparência e responsabilidade. O objetivo prático da governança corporativa é criar um sistema que atenda aos objetivos de negócios da empresa de aumentar o valor para o acionista e gerenciar riscos. As Instituições Financeiras Islâmicas

(IFIs) têm os mesmos objetivos práticos e comerciais, mas estão sujeitas ao cumprimento adicional das regras e princípios da Sharia. Um IFI se esforça não apenas pelo lucro, mas também pelos lucros socialmente responsáveis.

O IFSB publicou recentemente uma série de projetos que oferecem "princípios orientadores" especificamente para instituições financeiras islâmicas. O objectivo não é, portanto, para criar uma nova estrutura de governança para a indústria financeira islâmica, mas para construir padrões internacionais existentes e integrar e incentivar as instituições a considerar a conformidade como parte de um reforço global de boa cultura. de governança corporativa.

Os princípios da boa conduta empresarial são desejáveis para proteger os interesses dos investidores e melhorar a integridade das instituições envolvidas. Também é uma exigência da Sharia que as sociedades sigam os princípios do comportamento ético nos negócios. Além disso, os princípios de segurança e transparência apóiam a validade de um contrato em conformidade com a Sharia.

Os três mais recente minuta de exposição publicada em dezembro de 2008, incluiu "princípios orientadores" para a condução das empresas que oferecem serviços financeiros somente islâmicos ((exceto para as instituições de seguros islâmica Takaful) e fundos de investimento islâmicos) (princípios no comportamento corporativo orientando), Shari a governança e Sistema de Governança para o Seguro Islâmico (Takaful) (projetos de exposição). Esses rascunhos de exposição baseiam-se na governança corporativa existente e em outros padrões do IFSB. Esta sessão de informações se concentra nos dois primeiros.

As Diretrizes de Conduta nos Negócios seguem uma abordagem baseada em princípios, não uma abordagem baseada em regras. Entende-se que os sete princípios delineados no projeto de exposição formam a base de um Código de Conduta Empresarial, que está em conformidade com todas as IFIs e complementa os padrões existentes.

Princípio 1

Honestidade e Imparcialidade: As IFIs devem tratar todos os acionistas de forma justa e lutar pelos mais altos padrões de honestidade e integridade em suas negociações com eles.

Princípio 2

Cuidado e diligência: as IFIs devem ter cuidado, habilidade e cuidado ao lidar com todas as categorias de investidores. Espera-se que uma IFI avaliações de risco adequadas em relação a cada realiza atividades de investimento e realizar as alterações necessárias para o processo de obtenção da aprovação Sharia eo cumprimento Sharia das carteiras de activos.

Princípio 3

Capacidade: Um IFI deve garantir que sua administração, funcionários e representantes sejam capazes de desempenhar suas funções com competência. Em particular, espera-se que essas partes tenham uma compreensão justa da Sharia e este princípio deve ser constantemente monitorado.

princípio 4

Informações do cliente: Um IFI precisa verificar "Conheça seu cliente" para garantir que os negócios de um investidor e o objetivo do financiamento estejam de acordo com as regras e os princípios da Sharia.

Princípio 5

Informações do cliente: os processos de relatórios devem ser transparentes e justos. Uma IFI deve proteger potenciais investidores e investidores, fornecendo informações que reflitam adequadamente a natureza de seus produtos e serviços e os riscos envolvidos.

Princípio 6

Conflitos de interesses e obrigações: Uma IFI deve evitar situações em que um conflito de interesse surja tanto quanto possível. Se isso não puder ser evitado, a situação precisa ser resolvida para garantir que todas as partes envolvidas sejam tratadas corretamente e que os problemas sejam resolvidos de forma transparente e aberta.

Princípio 7

Cumprimento da Sharia: Uma IFI deve implementar e implementar sistemas de governança da Sharia para monitorar o cumprimento da lei da Sharia. Como a conformidade com a Sharia é de suma importância para as instituições financeiras internacionais, esta questão será abordada em mais detalhes em um projeto de exposição separado, como mostrado abaixo.

As publicações anteriores do IFSB destacaram um problema particular em relação ao papel e função das comissões da sharia no setor de serviços financeiros islâmicos. As mesas da Sharia desempenham um papel fundamental no aconselhamento às instituições sobre o cumprimento das regras e princípios da Sharia. Enquanto outras publicações do IFSB fizeram recomendações para assegurar que os sistemas adequados de governança da sharia estão em vigor, os princípios orientadores da governança da Sharia foram uma resposta à necessidade da indústria por mais clareza. essencial.

O "Governo Sharia" é definido como um conjunto de acordos institucionais e organizacionais pelos quais uma IFI assegura o monitoramento independente efetivo, em particular a emissão e disseminação de declarações da Sharia, o cumprimento interno e externo da lei da Sharia. comentários

Princípio 1

Abordagem geral: Diferentes sistemas legais introduziram diferentes estruturas de governança da Sharia e os sistemas usados devem ser proporcionais ao tamanho, complexidade e natureza da atividade. Os conselhos da Sharia devem ter um mandato claro e estar equipados com procedimentos operacionais e linhas de informação para garantir o efetivo governo da Sharia.

Princípio 2

Competência: A escolha para os acadêmicos e outras pessoas cujo trabalho é assessorar a Sharia deve ser feita com base na honestidade, bom caráter e possuía as qualificações que são necessárias para entender os requisitos técnicos da atividade. A necessidade de desenvolvimento profissional contínuo desses indivíduos também é crucial para garantir que eles são atualizados com as mudanças na legislação e conhecimentos específicos do setor garantir. Sharia cartões devem ser regularmente avaliados em relação a critérios objectivos de desempenho e deve ser responsável perante o Conselho.

Princípio 3

Independência: Nenhum membro individual do Conselho de Diretores da Sharia pode ser "afiliado" à empresa ou exercer qualquer outra função dentro da empresa. Cada membro deve poder exercer um julgamento independente. A administração da IFI deve assegurar que todas as informações relevantes sejam fornecidas à Diretoria da Shari'ah de maneira oportuna e de maneira a permitir que a Diretoria cumpra adequadamente suas obrigações. Como resultado, a Diretoria da Shari'ah pode ter acesso independente à alta administração e responder a quaisquer perguntas adicionais.

Princípio 4

Confidencialidade: os membros do Sharia Board serão inevitavelmente expostos a informação privilegiada sensível do ponto de vista comercial do desempenho de suas funções. Como parte dos processos mais amplos de gerenciamento de risco da IFI, é importante garantir que cláusulas de privacidade relevantes sejam incluídas no contrato de serviço de cada membro. Também deve haver um procedimento apropriado para lidar com perdas internas, que podem incluir medidas disciplinares.

Princípio 5

Consistência: As decisões do Comitê da Sharia devem ser consistentes e, na medida do possível, consistentes com as declarações da autoridade central da Sharia em cada jurisdição. Na ausência de tal autoridade, recomenda-se que o Conselho de Diretores da Sharia implemente todas as decisões anteriores e publique suas decisões para que possam ser avaliadas de forma aberta e transparente.

A Lei dos Serviços Financeiros Islâmicos de 2013

A Regra da Governança da Sharia pode ser encontrada nas seções 30 a 36 da IFSA 2013, na qual a existência dessas disposições destacou a intenção da legislatura e as questões de nomeação e os membros dos comitês da Sharia. na instituição financeira islâmica. Ao contrário do Banco Central da Malásia de 2009, que meramente tocou a superfície da questão, destacando a exigência geral para a instituição financeira de criar um comitê Sharia, a disposição atual requer uma exigência mais específica sob a seção 30 da IFSA 2013 que uma instituição se dirija diretamente ao Banco Central para estabelecer o Comitê Sharia.Isso permitirá que o Banco Central tenha informações diretas sobre a Sharia. Os membros de um Comitê em uma instituição financeira islâmica, garantindo o controle adequado das atividades realizadas. (Miskam e Nasrul 2013)

Outro ponto importante disponível sob a nova lei Sharia é o critério dos membros do Comitê Sharia. Um padrão de exigência clara para a nomeação deste comitê é destaque na seção 31 que devem ser cruzados, sendo feita referência à seção 29 (2) (a), que diz que somente aqueles que são realmente apto e qualificado para ser referido como Shari pode. membros da comissão. Isso leva à ideia de que os membros dos comitês da Sharia em todas as instituições financeiras devem ser guiados por aqueles que atendem aos requisitos estabelecidos pelo banco central.

A disponibilidade desta cláusula seria crucial para assegurar que os produtos e serviços introduzidos pela Instituição Financeira Islâmica cumprissem os princípios da Sharia, controlando os membros relevantes.

A seção 32 da IFSA 2013 contribui para a importância dos comitês da Sharia em cada instituição, introduzindo o governo da Sharia, que não apenas define as funções dos comitês da Sharia dentro da instituição, mas também as integra na estrutura da própria sociedade. Ao estender os poderes dos aspectos de governança da Sharia de uma empresa, tais como questões relacionadas aos adaptadores internos e aderindo à lei da Sharia, podemos entender que o governo da sharia seria um dos constituintes de uma instituição até o ponto em que O Comitê Sharia não pode mais ser tratado como uma divisão parcial ou secundária de uma sociedade, e sim contra a idéia de desistir de tais regras do governo.

No entanto, a introdução das seções 33 e 34 da IFSA permite que o banco central seja mantido atualizado ao estabelecer membros de seu comitê da Sharia. A fim de salvaguardar a meta de assegurar que somente aqueles que são realmente qualificados tenham o direito de se tornarem membros, a provisão inclui a cláusula sobre a demissão dos membros, incluindo situações que os excluem da adesão ao Comitê Sharia.

Ao estabelecer regras e características mais precisas dos membros do Comitê da Sharia, a IFSA de 2013, de acordo com a seção 35, tornou obrigatória a responsabilidade do governo corporativo da empresa em informar o comitê Sharia no desempenho de suas funções e deveres. Embora a lei não tenha mencionado a natureza e a extensão das informações exigidas, é razoável supor que o Comitê Sharia tem o direito de saber se essas informações os ajudarão a cumprir suas obrigações, independentemente da natureza das informações. (Miskam e Nasrul 2013)

Além disso, a Seção 36 refere-se à confiança concedida pela legislação da Comissão Sharia para manter qualquer tipo de informação, incluindo informações confidenciais, a menos que essas informações sejam divulgadas a outras pessoas. Embora mantendo sigilo, os comitês da Sharia também recebem proteção sob privilégio privilegiado que impede a instituição financeira islâmica de tomar medidas legais se for possível demonstrar que tais deveres foram cumpridos de boa fé. ,

As cláusulas de provisão do governo da Sharia são uma das principais características do IFSA 2013, que contribui para a aplicação das autoridades e funções da Sharia, garantindo assim as atividades da instituição. e a sólida estrutura de governança da Shari'a na indústria financeira islâmica na Malásia é mantida.

IV Governança corporativa eficaz

A governança corporativa também se tornou muito importante no sistema financeiro convencional nas últimas três décadas devido à persistente instabilidade financeira. Isso seria ainda mais importante no sistema islâmico, pois há um risco adicional de que os depositantes possam ser suspensos se os bancos realmente operarem no modo de compartilhamento de risco. Isso representa um grande desafio para os bancos islâmicos melhorarem todos os aspectos-chave da governança corporativa. O desafio torna-se mais sério à medida que essas instituições crescem e seus problemas se tornam mais complexos. Esse desafio poderia ser resolvido com sucesso se o conselho de administração e a alta administração se tornassem mais eficientes no desempenho de suas funções (Chapra e Ahmed, 2002).

A efetiva governança corporativa nos bancos, assim como as empresas que usam recursos bancários, é um dos pilares fundamentais do novo ambiente que precisa ser criado para substituir o antigo ambiente socioeconômico que não existe mais. Infelizmente, a governança corporativa é geralmente considerada fraca na maioria dos países em desenvolvimento. Isto porque todas as instituições que desempenham um papel crucial na regulação dos mercados e asseguram a eficiência e a integridade não estão bem desenvolvidas nesses países. As assimetrias de informação são mais sérias e os participantes do mercado têm menos experiência e regulamentos, mesmo que existam. Eles não são aplicados de forma eficaz e imparcial por causa da corrupção política e da fraqueza geral dos sistemas de justiça.Mesmo divulgações não são apropriados e a prática contábil não está bem desenvolvida, para que estas empresas sofrem de ineficiências e injustiças que afetam negativamente a todos os envolvidos. Os efeitos negativos da governança corporativa ineficaz pode ser mais grave, já que o número de interessados é muito maior e os riscos sistêmicos são muito mais elevados para as instituições financeiras. Os efeitos negativos da governança corporativa ineficaz, no caso de instituições financeiras, porque o número de seus públicos de interesse muito mais elevadas eo risco sistêmico muito mais elevados sind.Die efeitos adversos de governança corporativa ineficaz pode ser mais grave com as instituições financeiras, como o número de seus stakeholders muito mais elevados e os riscos sistêmicos são muito maiores. Não há razão para supor que, embora as instituições financeiras islâmicas tenham se saído bem até agora, elas conseguiram evitar as armadilhas da fraca governança corporativa nos países em desenvolvimento. Deve ser possível melhorar significativamente o seu desempenho e servir melhor os interesses de todas as partes interessadas, para que a governança corporativa nessas instituições possa ser eficaz. A estrita justificativa de uma maior confiança na justiça em uma economia islâmica, portanto, reforça a necessidade de tomar todas as medidas que não apenas ajudem a melhorar o funcionamento do sistema financeiro, mas também protejam os interesses de todas as partes interessadas. (Chapra e Ahmed, 2002)

Sem uma governança corporativa eficaz, pode não ser possível fortalecer os bancos islâmicos e permitir que eles se expandam rapidamente e desempenhem seu papel de forma eficaz. Essa necessidade está se tornando mais séria à medida que as instituições se expandem e seus problemas se tornam mais complexos. Problemas que afetam sua capacidade de longo prazo para dominar com sucesso os desafios que enfrentam. Portanto, não se pode impedir que todas as medidas sejam tomadas para melhorar o funcionamento dessas instituições.

Para isso, é importante aprimorar os instrumentos de governança corporativa, sendo os mais importantes: controles internos, gerenciamento de riscos, transparência, contabilidade e relatórios sobre empréstimos, liquidação e auditoria da Sharia, auditoria e regulamentação externa e supervisão. , No entanto, a confiança total neles não seria suficiente. O compromisso moral de todos os participantes do mercado é essencial. Sem esse compromisso, os participantes do mercado encontrarão maneiras diferentes de violar a lei sem serem descobertos e punidos. Isso exigirá cada vez mais controles e controles legais que aumentarão os custos de transação para um nível insuportável. Eles também devem ser responsabilizados pelos acionistas e depositantes através das ações discutidas neste documento. Também é necessário estabelecer um número de instituições comuns, como discutido acima. Sem essas instituições, até bancos com a melhor governança corporativa não podem evitar crises.

No entanto, a governança corporativa é geralmente fraca em todos os países e, especialmente, nos países em desenvolvimento, onde quase todos os países muçulmanos estão. Isto porque todas as instituições que desempenham um papel crucial na regulação dos mercados e asseguram a eficiência e a integridade não estão bem desenvolvidas nesses países. As assimetrias de informação são mais sérias, os participantes do mercado têm menos experiência e os regulamentos, mesmo que existam, nem sempre são aplicados de forma eficaz e imparcial devido à corrupção política e à fraqueza geral dos sistemas de justiça. Divulgações também são inadequadas e as políticas contábeis não são bem desenvolvidas.O impacto negativo da governança corporativa ineficaz pode ser mais severo com as instituições financeiras, pois sua alavancagem é muito maior, o número de seus stakeholders é maior e os riscos sistêmicos de sua falência são muito mais sérios. Não há razão para acreditar que as instituições financeiras islâmicas, embora suficientemente boas até agora, tenham conseguido escapar das armadilhas governança corporativa fraca nos países em desenvolvimento. Portanto, você pode impedir a adoção de medidas que melhorem o funcionamento dessas instituições. O papel do Conselho e da alta administração é de suma importância a este respeito: é gratificante notar que quase todos os países muçulmanos atualmente implementam as diretrizes do BCBS (ZULKIFLI HASAN, 2011) com instituições financeiras islâmicas até agora, eles se saíram muito bem. foram necessariamente capazes de escapar dos perigos da fraca governança corporativa nos países em desenvolvimento. Portanto, É possível evitar a adoção de todas as medidas que contribuam para melhorar o funcionamento dessas instituições. O papel do Conselho de Administração e da alta administração é de suma importância nesse aspecto. É gratificante verificar que quase todos os países muçulmanos que estão atualmente as diretrizes do BCBS (Zulkifli Hasan, 2011) implementar, apesar do fato de que a instituição financeira islâmica tem feito muito bem até agora, tem necessariamente capaz de evitar os erros governança corporativa fraca nos países em desenvolvimento. Portanto, não se pode impedir que todas as medidas sejam tomadas para melhorar o funcionamento dessas instituições. O papel do Conselho de Administração e da alta administração é de suma importância nesse aspecto. É gratificante que quase todos os países muçulmanos estejam atualmente implementando as diretrizes do BCBS (ZULKIFLI HASAN, 2011). Não se pode evitar que sejam tomadas todas as medidas que contribuam para melhorar o funcionamento dessas instituições. O papel do Conselho de Administração e da alta direção é de suma importância neste aspecto: é agradável notar que quase todos os países muçulmanos estão atualmente implementando as Diretrizes do BCBS (ZULKIFLI HASAN, 2011). Não é possívelEvitar a adopção de medidas destinadas a melhorar o funcionamento destas instituições. O papel do Conselho de Administração e da alta administração é de suma importância nesse aspecto. É gratificante que quase todos os países muçulmanos estejam atualmente implementando as diretrizes do BCBS (ZULKIFLI HASAN, 2011). O papel do Conselho de Administração e da alta administração é de suma importância nesse sentido. É gratificante que quase todos os países muçulmanos estejam atualmente implementando as diretrizes do BCBS (ZULKIFLI HASAN, 2011). O papel do Conselho de Administração e da alta administração é de suma importância nesse sentido. É gratificante notar que quase todos os países muçulmanos estão atualmente implementando as diretrizes do BCBS (ZULKIFLI HASAN, 2011).2011) 2011) 2011) 2011) 2011) 2011) O papel do Conselho e alta gerência a este respeito é de suma importância. É gratificante que quase todos os países muçulmanos estejam atualmente implementando as diretrizes do BCBS (ZULKIFLI HASAN, 2011). O papel do Conselho de Administração e da alta administração é de suma importância nesse sentido. É gratificante que quase todos os países muçulmanos estejam atualmente implementando as diretrizes do BCBS (ZULKIFLI HASAN, 2011). O papel do Conselho de Administração e da alta administração é de suma importância nesse sentido. É gratificante constatar que as diretrizes BCBS quase todos os países muçulmanos estão atualmente execução (Zulkifli Hasan, 2011) .A papel do Conselho de Administração e da gestão de topo a este respeito é de suma importância. É gratificanteQuase todos os países muçulmanos implementam atualmente as diretrizes do BCBS (ZULKIFLI HASAN, 2011). O papel do Conselho de Administração e da alta administração é de suma importância nesse sentido. É gratificante que quase todos os países muçulmanos estejam atualmente implementando as diretrizes do BCBS (ZULKIFLI HASAN, 2011). O papel do Conselho de Administração e da alta administração é de suma importância nesse sentido. É gratificante notar que as diretrizes BCBS quase todos os países muçulmanos estão atualmente execução (Zulkifli Hasan, 2011) .É encorajador que quase todos os países muçulmanos estão actualmente a implementar diretrizes BCBS (Zulkifli Hasan, 2011). O papel do Conselho de Administração e da alta administração é de suma importância nesse sentido. É gratificanteQuase todos os países muçulmanos implementam atualmente as diretrizes do BCBS (ZULKIFLI HASAN, 2011). O papel do Conselho de Administração e da alta administração é de suma importância nesse sentido. É gratificante notar que as diretrizes BCBS quase todos os países muçulmanos estão atualmente execução (Zulkifli Hasan, 2011) .É encorajador que quase todos os países muçulmanos estão actualmente a implementar diretrizes BCBS (Zulkifli Hasan, 2011). O papel do Conselho de Administração e da alta administração é de suma importância nesse sentido. É gratificante que quase todos os países muçulmanos estejam atualmente implementando as diretrizes do BCBS (ZULKIFLI HASAN, 2011). O papel do Conselho de Administração e da alta administração é de suma importância nesse sentido. É gratificante notarque quase todos os países muçulmanos estão actualmente a implementar diretrizes BCBS (Zulkifli Hasan, 2011) .É encorajador que quase todos os países muçulmanos estão implementando atualmente diretrizes BCBS

(Zulkifli HASAN, 2011). O papel do Conselho de Administração e da alta administração é de suma importância nesse sentido. É gratificante notar que as diretrizes BCBS quase todos os países muçulmanos estão atualmente execução (Zulkifli Hasan, 2011) .É encorajador que quase todos os países muçulmanos estão actualmente a implementar diretrizes BCBS (Zulkifli Hasan, 2011). O papel do Conselho de Administração e da alta administração é de suma importância nesse sentido. É gratificante notar que quase todos os países muçulmanos estão atualmente implementando as diretrizes do BCBS (ZULKIFLI HASAN, 2011).É gratificante que quase todos os países muçulmanos estejam atualmente implementando as diretrizes do BCBS (ZULKIFLI HASAN, 2011). O papel do Conselho de Administração e da alta administração é de suma importância nesse sentido. É gratificante notar que as diretrizes BCBS quase todos os países muçulmanos estão atualmente execução (Zulkifli Hasan, 2011) .É encorajador que quase todos os países muçulmanos estão actualmente a implementar diretrizes BCBS (Zulkifli Hasan, 2011). O papel do Conselho de Administração e da alta administração é de suma importância nesse sentido. É gratificante notar que quase todos os países muçulmanos estão a implementar diretrizes BCBS (Zulkifli Hasan, 2011).É gratificante que quase todos os países muçulmanos estejam atualmente implementando as diretrizes do

BCBS (ZULKIFLI HASAN, 2011). O papel do Conselho de Administração e da alta administração é de suma importância nesse sentido. É gratificante notar que as diretrizes BCBS quase todos os países muçulmanos estão atualmente execução (Zulkifli Hasan, 2011) .É encorajador que quase todos os países muçulmanos estão actualmente a implementar diretrizes BCBS (Zulkifli Hasan, 2011). O papel do Conselho de Administração e da alta administração é de suma importância nesse sentido. É gratificante notar que quase todos os países muçulmanos estão a implementar diretrizes BCBS (Zulkifli Hasan, 2011).O papel do Conselho de Administração e da alta administração é de suma importância nesse sentido. É gratificante notar que as diretrizes BCBS quase todos os países muçulmanos estão atualmente execução (Zulkifli Hasan, 2011) .É encorajador que quase todos os países muçulmanos estão actualmente a implementar diretrizes BCBS (Zulkifli Hasan, 2011). O papel do Conselho de Administração e da alta administração é de suma importância nesse sentido. É gratificante notar que quase todos os países muçulmanos estão atualmente implementando as diretrizes do BCBS (ZULKIFLI HASAN, 2011).O papel do Conselho e do Executivo a este respeito é de suma importância. É gratificante notar que as diretrizes BCBS quase todos os países muçulmanos estão atualmente execução (Zulkifli Hasan, 2011) .É encorajador que quase todos os países muçulmanos estão actualmente a implementar diretrizes BCBS (Zulkifli Hasan, 2011). O papel do Conselho e do Executivo a este respeito é de suma importância. É gratificante notar que quase todos os países muçulmanos estão a implementar diretrizes BCBS (Zulkifli Hasan, 2011).Quase todos os países muçulmanos implementam atualmente as diretrizes do BCBS (ZULKIFLI HASAN, 2011). O papel do Conselho de Administração e da alta administração é de suma importância nesse sentido. É gratificante notar que quase todos os países muçulmanos estão atualmente implementando as diretrizes do BCBS (ZULKIFLI HASAN, 2011).que quase todos os países muçulmanos estão actualmente a implementar diretrizes BCBS (Zulkifli Hasan, 2011). O papel do Conselho de Administração e da alta administração é de suma importância nesse sentido. É gratificante notar que quase todos os países muçulmanos estão a implementar diretrizes BCBS (Zulkifli Hasan, 2011).

A. O Conselho de Diretores

No entanto, o Conselho não pode desempenhar efetivamente esse papel, a menos que seus membros tenham um alto nível de integridade moral e experiência no setor bancário. Você precisa estar suficientemente ciente dos riscos e da complexidade do sistema bancário. Em um sistema islâmico, eles devem ter as qualificações adicionais para serem especialistas em Shari'a e seus objetivos, e em particular a razão para a proibição de interesses. Eles devem assegurar uma transparência adequada de acordo com os padrões estabelecidos pelo CBSB, a autoridade do IFRS e monitorar seu país através de um fluxo contínuo de informações sobre Conselheiros, diretores, auditores, reguladores, acionistas, depositantes e o público, de acordo com as necessidades de cada indivíduo, para assegurar o controle adequado dos negócios do Banco. Eles devem estabelecer um sistema de controle interno sólido, procedimentos contábeis adequados, auditoria interna e externa eficaz, gerenciamento eficiente de riscos e todos os controles e regras, regras, regulamentos e procedimentos necessários (ZULKIFLI HASAN, 2011).

A experiência mostra que os conselheiros não desempenham necessariamente suas funções de maneira eficaz. Existem várias razões para isso. Em primeiro lugar, os membros do conselho não têm necessariamente a competência técnica e a integridade moral necessárias para administrar o banco com eficiência. Outra razão é que os membros do Conselho de Administração nem sempre são eleitos pelos acionistas e não são necessariamente responsáveis perante eles. Eleições não ocorrem regularmente e mesmo se for esse o caso, as evidências indicam que os acionistas não estão participando ativamente na eleição ou remoção de diretores. Isso permite que os membros do Conselho se perpetuem e geralmente é difícil eliminá-los, exceto por meio de aquisições. No entanto, estes são caros e possivelmente perturbadores e, portanto, não podem ser possíveis, exceto em casos extremos. Para corrigir esta situação, é necessário ter um processo transparente para as eleições e tomar as medidas que permitem que os acionistas minoritários e os depositantes de investimento a comentar as decisões do Conselho. Também é necessário que os acionistas possam demitir membros do Conselho de Administração se os seus benefícios não atingirem o que eles esperam. Portanto, é essencial para introduzir reformas no processo eleitoral e regras para que os acionistas podem escolher pessoas competentes e pessoas conscientes do Conselho de Administração e não permanecem estáveis apesar de seus pobres dürfen.Es desempenho é necessário ter um processo transparente para as eleições e medidas tomaracionistas minoritários e depositantes para ter uma palavra a dizer nas decisões do Conselho de Administração. Também é necessário que os acionistas possam demitir membros do Conselho de Administração se os seus benefícios não atingirem o que eles esperam. Portanto, é essencial para introduzir reformas no processo eleitoral e regras para que os acionistas podem eleger os membros do Conselho com competência e consciência e, apesar de sua baixa Desempeño permitir que os acionistas minoritários e os depositantes as decisões do mitbestimmen.Es Board também é necessário que Os acionistas podem demitir membros do Conselho de Administração se os seus benefícios não atingirem o que eles esperam. Portanto, é essencial introduzir reformas nos procedimentos eleitorais e no poderpara que os acionistas possam selecionar pessoas competentes e conscientes para o Conselho de Diretores e impedi-los de continuar, apesar de seu fraco desempenho. Introduzir reformas de reformas eleitorais e de poder que permitam aos acionistas selecionar membros competentes e bem informados do Conselho de Diretores e impedi-los de manter seus próprios, apesar de seu fraco desempenho. É importante realizar reformas no processo eleitoral, bem como arranjos de poder que permitam aos acionistas selecionar pessoas competentes e conhecedoras do Conselho de Administração e impedi-los de continuar, apesar de seu baixo desempenho.Introduzir reformas de reformas eleitorais e de poder que permitam aos acionistas selecionar membros competentes e bem informados do Conselho de Diretores e impedi-los de manter seus próprios, apesar de seu fraco desempenho. É importante realizar reformas no processo eleitoral, bem como arranjos de poder que permitam aos acionistas selecionar pessoas competentes e conhecedoras do Conselho de Administração e impedi-los de continuar, apesar de seu baixo desempenho.Introduzir reformas de reformas eleitorais e de poder que permitam aos acionistas selecionar membros competentes e bem informados do Conselho de Diretores e impedi-los de manter seus próprios, apesar de seu fraco desempenho. É importante realizar reformas no processo eleitoral, bem como arranjos de poder que permitam aos acionistas selecionar pessoas competentes e conhecedoras do Conselho de Administração e impedi-los de continuar, apesar de seu baixo desempenho.Selecionar pessoas competentes e conhecedoras do Conselho de Administração e impedi-las de continuar, apesar de seu baixo desempenho.Selecionar pessoas competentes e conhecedoras do Conselho de Administração e impedi-las de continuar, apesar de seu baixo desempenho.

É também necessário desenvolver uma infra-estrutura legal e regulamentar para não só proteger os direitos Acionistas minoritários, mas também depositantes (ambos externos). Em vários países, as empresas podem solicitar aos acionistas registrados que não podem comparecer às assembleias gerais para transmitir seus votos ao conselho de administração. Isso fortalece ainda mais as mãos do Conselho de Administração e permite o controle das decisões nas assembleias gerais. Uma vez que a transferência do direito de voto implica, muitas vezes, consequências de longo alcance que nem sempre são do interesse de todos os envolvidos, seria desejável uma transferência dos direitos de voto para as associações de acionistas. Se tais associações não existirem, os direitos de voto poderão ser delegados a reguladores ou empresas especializadas estabelecidas no setor privado para proteger os interesses das partes interessadas contra uma comissão, como veremos abaixo.As três instituições poderiam estar melhor qualificadas para proteger os interesses das partes envolvidas (Zulkifli Hasan, 2010)

Também seria útil se o Conselho tivesse um número razoável de administradores não executivos. A evidência empírica do sistema convencional mostra que os conselheiros não executivos influenciam positivamente a capacidade do conselho de administração para avaliar e regular os executivos. Isso pode ocorrer porque esses administradores não são responsáveis pelo gerenciamento e, portanto, não têm interesse pessoal em proteger o gerenciamento. Por conseguinte, pode considerar-se que os interesses dos acionistas minoritários e depositantes recebem mais peso, contribuindo assim para a injeção de capital na empresa. Se eles não atenderem a essa expectativa, sua reputação no trabalho dos diretores será afetada. Mercado. A exclusão do Diretor Executivo (CEO) devido a um desempenho ruim é mais provável em reuniões dominadas por terceiros do que naquelas dominadas por gerentes. Também há problemas aqui. Se os administradores não executivos não são eleitos pelos acionistas, mas foram eleitos pelo acionista controlador ou o CEO, eles têm suas carreiras culpado e "portanto, não têm a informação e os incentivos necessários para uma governança corporativa eficaz e coerente". Portanto, haverá um conflito de interesses que leva à falta de disposição para regular a alta administração.Além disso, reuniões de diretoria podem não ser frequentes e, portanto, conselheiros não executivos não podem monitorar efetivamente as atividades da empresa e garantir justiça, especialmente se acreditarmos que a crítica da política de gestão nas reuniões de diretoria é indelicada. Porque os bancos islâmicos são geralmente pequenos em comparação com seus bancos convencionais, mesmo em países muçulmanos e no resto do mundo Não tem nada a ver com a quantidade de capital que eles possuem. , Isso permite a concentração de ações nas mãos de alguns diretores-gerentes. Por conseguinte, o número de administradores não executivos que podem assumir o controlo dos administradores executivos também é limitado. Dado que o tamanho reduzido e a concentração de medidas podem ter consequências indesejáveis para proteger os interesses de todas as partes interessadas, é desejável aumentar o tamanho dos bancos e implementar reformas legais para reduzir a concentração e diversificar os riscos. , e aumentar sua capacidade de absorver perdas.

Seria também desejável introduzir algumas outras reformas para tornar o Conselho mais eficaz em suas funções. Um deles deve ser seriamente considerado, relacionando a remuneração dos membros do Conselho com os seus benefícios, bem como as exigências do Mudaraba. Contratos Administradores, na sua capacidade de "Mudaribs" (diretores), só têm de ser compensados pelos seus custos reais e não têm direito a uma taxa fixa de administração ou remuneração, como nas empresas modernas. Sua remuneração deve ser uma certa porcentagem do lucro obtido pelo banco se o banco tiver lucro. Isto deve ser em adição à participação normal dos lucros de outros acionistas com base em suas posições. A porcentagem de participação nos lucros,atribuídas aos Administradores pelos seus serviços administrativos devem estar claramente definidos nos Estatutos, para que os accionistas possam ser informados. Quando a empresa obtém lucro, os conselheiros recebem a participação nos lucros indicada por seus serviços. No entanto, se a empresa sofrer uma perda, diretores como o Mudarib não recebem uma "comissão" por seus serviços administrativos e devem compartilhar as perdas relativas às suas ações. Dessa forma, os administradores só receberiam uma recompensa por seus serviços se contribuíssem para o lucro: quanto maior o lucro, maior a recompensa. Isso deve ser um incentivo para que eles tenham um melhor desempenho. (ZULKIFLI HASAN, 2011)) Mas se a empresa sofre uma perda,Diretores como o Mudarib não recebem "comissão" por seus serviços administrativos e devem compartilhar as perdas relativas às suas ações. Dessa forma, os administradores só receberiam uma recompensa por seus serviços se contribuíssem para o lucro: quanto maior o lucro, maior a recompensa. Isso deve ser um incentivo para que eles tenham um melhor desempenho. (ZULKIFLI HASAN, 2011) No entanto, se a empresa sofrer uma perda, diretores como o Mudarib não recebem uma "comissão" por seus serviços administrativos e devem compartilhar as perdas relativas às suas ações. Dessa forma, os administradores só receberiam uma recompensa por seus serviços se contribuíssem para o lucro: quanto maior o lucro, maior a recompensa. Isso deveria ser um incentivo para ela,para melhor desempenho. (ZULKIFLI HASAN, 2011) Isso deve ser um incentivo para que eles tenham um melhor desempenho. (ZULKIFLI HASAN, 2011) Isso deve ser um incentivo para que eles tenham um melhor desempenho. (ZULKIFLI HASAN, 2011)

B. alta direção

Embora o Conselho de Administração se refira a pessoas que não são apenas acionistas, mas também têm participação na administração do banco, a alta administração refere-se ao CEO e outros executivos seniores que desempenham funções gerenciais, mas não são necessariamente acionistas. , As sociedades modernas geralmente não são administradas por seus proprietários (acionistas). Em vez disso, os gerentes profissionais são encarregados de gerenciar os negócios. Eles são "fiduciários". Isso cria o agente principal / problema e cria um conflito de interesses. Portanto, restrições ao auto-tratamento, fraude, compensação excessiva em várias formas ocultas e outras práticas ruins devem ser impostas.

Uma das limitações administrativas mais importantes é que as posições-chave não devem ser ocupadas por uma única pessoa ("princípio dos quatro olhos"). Como o Presidente e o Presidente do Conselho desempenham duas funções diferentes no Banco, é preferível que duas pessoas diferentes ocupem esses cargos, de modo que haja uma clara divisão de responsabilidades à frente do Banco para assegurar independência e equilíbrio. a autoridade. Nem os diretores nem os gerentes podem permanecer no local de trabalho se não tiverem mais competência ou qualificação para administrar o banco. Como argumentado por Jensen e Ruback, os gerentes pobres que se defendem contra o seu substituto podem ser a manifestação mais cara do problema da agência (ZULKIFLI HASAN, 2011).

É responsabilidade do Conselho de Administração e da Administração assegurar controles internos adequados e um gerenciamento efetivo de todos os riscos, incluindo risco de crédito, risco de liquidez, risco de taxa de juros e risco operacional. Embora a maioria dos bancos islâmicos pareça estar relativamente exposta a esses riscos, até agora eles lidaram bem com eles. No entanto, isso não precisa necessariamente continuar no futuro. Portanto, é crucial manter uma cultura eficaz de gestão de risco nesses bancos para garantir sua competitividade e sobrevivência em um mundo de incertezas e crises. No entanto, isso não ocorre sem o envolvimento ativo do Conselho de Administração, da alta administração, dos acadêmicos da sharia e dos supervisores bancários.

C. Estrutura regulatória e interna.

1. Abordagem proativa e governança integrada e Sharia Tendo em vista os muitos desafios enfrentados pelas finanças islâmicas, recomenda-se que a indústria precise de uma estrutura regulatória baseada em regras, conforme descrito acima. Como pré-requisito, a governança da Sharia deve ser parte das preocupações dos reguladores e dos formuladores de políticas. Os supervisores devem monitorar proativamente a implementação da governança da Sharia e aprender com a experiência de outros países na promoção da estrutura de governança da Sharia. O princípio "tamanho da unidade" da Shari'a é inadequado porque o ambiente de mercado e a estrutura legal local variam de lugar para lugar. em A estrutura de governança da Sharia exige uma estrutura para governança corporativa e lei Sharia integrada. Essas duas coisas não devem ser separadas, pois se complementam. A esse respeito, os princípios ou diretrizes de governança corporativa devem levar em conta o elemento da governança da Sharia quando eles são entidades que oferecem serviços financeiros islâmicos. Isto é importante porque o modelo de governação para as partes interessadas do FII necessário para proteger os direitos e interesses de todas as partes interessadas (Zulkifli Hasan, 2011).

2. Monitoramento e execução

Os supervisores devem ter uma estrutura abrangente de monitoramento e fiscalização, incluindo diretrizes escritas para estruturas de vigilância, Diretrizes IFI emitidas pelas autoridades de supervisão, recursos suficientes com o conhecimento correto das questões da Sharia Sharia e da Sharia. Execução de funções de execução. Os supervisores devem fornecer diretrizes e garantir que eles avaliem as políticas e procedimentos internos e a implementação desses procedimentos. Também é importante que os supervisores monitorem constantemente as instituições financeiras internacionais a fim de fornecer uma estrutura que lhes permita avaliar as estratégias e ferramentas de governança da IFI Sharia para lidar com quaisquer deficiências.

3. Solução de controvérsias

Seria um desenvolvimento ideal se as autoridades de supervisão tenham iniciado como parte da estrutura judicial de um banco especializado para casos de finanças islâmicas. Neste banco especializado, o tribunal pode nomear juízes que sabem sobre o financiamento do Islã, ou que os supervisores podem fornecer uma certa quantia para a formação desses juízes estão disponíveis. Além disso, deve haver um sistema de processo confiável para a lei da Sharia. Entende-se que em um ambiente legal secular, como o Reino Unido, um acordo prévio é um pouco difícil de implementar. Portanto, é importante que os reguladores consideram referindo ao Tribunal um Conselho Sharia ou Sharia no ambiente legal secular. Especialista em identificar os casos de s har i ah. Alternativamente, um Tribunal Especial para casos de Finanças Islâmicas pode ser estabelecido para lidar com disputas com IFIs neste tipo de jurisdição.

Os formuladores de políticas também devem considerar outros canais legais para resolução de disputas, como arbitragem e mediação. Atualmente, existem várias instituições de solução de controvérsias internacionais, como o Dubai Arbitragem e Conciliação Center, o GCC Commercial Arbitration Center, o Centro Bahrein for International Commercial Arbitration Center, o Tribunal Internacional de Arbitragem, a Câmara de Comércio Internacional, o Tribunal Internacional de Arbitragem, em Londres, o Centro Kuwait para Arbitragem Comercial, Centro de Arbitragem de Kuala Lumpur e outros. Em vista destes numerosos conselhos de arbitragem, recomenda-se que haja um corpo dedicado oferecendo soluções alternativas para a resolução de conflitos e acordos para casos de finanças islâmicas. Alternativamente, os órgãos de arbitragem existentes devem desenvolver e melhorar sua experiência e habilidades na área de finanças islâmicas em termos de recursos, estruturas, processos e estruturas. Neste ponto, as Instituições de Arbitragem devem estar preparadas para se equiparem com as estruturas e recursos necessários para resolver disputas relacionadas a casos de finanças islâmicas (Zulkifli Hasan, 2010).

A fim de assegurar a eficácia da arbitragem, a decisão ou resolução da arbitragem deve ser obrigatória e final. O efeito obrigatório da arbitragem é crucial para garantir credibilidade e confiança em qualquer solução usada na arbitragem. No entanto, também é importante que os reguladores promovam a arbitragem como uma rota legal alternativa para resolver disputas e emitir políticas e procedimentos que claramente reconhecem que a lei islâmica é a principal fonte de lei como base para a tomada de decisões.

4. Estatutos bem elaborados e diretrizes internas.

Estatutos bem elaborados e diretrizes internas são os pré-requisitos para um governo efetivo da sharia. Neste contexto, as IFIs devem ter regras e diretrizes apropriadas como diretrizes para seu uso interno em relação a procedimentos de reunião, tomada de decisões, relatórios e disseminação de informações, registros e revisões. Neste ponto, os padrões de governança IFSB 10 e AAOIFI podem formar a base para estes Estatutos, com algumas modificações apropriadas que poderiam ser implementadas no mercado local e no ambiente regulatório.

D. Características do Conselho Sharia para a Independência

1º método de nomeação

Existem diferenças significativas entre as IFIs na nomeação do Conselho de Diretores da Sharia. Observou-se também que muitas IFIs não cumpriram os padrões do governo AAOIFI no sentido de que suas nomeações eram feitas pelo BOD ao invés de pelos acionistas. À luz de práticas eficazes de mercado e dos instrumentos mais práticos para garantir a independência, existem outros mecanismos adequados para alcançar este objetivo. Primeiro, o pedido deve ser feito pelo BOD ou pelos acionistas. Em segundo lugar, o pedido deve ser aprovado pelas autoridades reguladoras. Terceiro, a nomeação não deve ser permanente, mas contratual e pode ser prolongada. Em quarto lugar, a liquidação e rescisão também deve estar em conformidade com a aprovação das autoridades de supervisão.

2. Código de Conduta

A maioria das IFIs não tem um código de ética para o Sharia Board. As práticas existentes parecem assumir que os membros do Conselho da Sharia estão sujeitos aos princípios éticos islâmicos. Tendo em vista a necessidade de ter um código ético específico e específico específico e exclusivamente destinado ao Conselho de Diretores da Sharia, os reguladores e as instituições financeiras internacionais podem prescrever certos comportamentos que sejam aceitáveis para os membros do Conselho Administrativo da Sharia. É tarefa do IFI iniciar e desenvolver um código interno de conduta para o conselho da Sharia. Esse código de ética deve ser aplicado e deve haver um mecanismo dentro da estrutura organizacional para garantir a implementação estrita.O não cumprimento deste Código de Conduta pode resultar em ação disciplinar, como suspensão, resolução ou outras sanções.

3. corpo profissional

Não existe um órgão profissional específico que estabeleça uma prática padrão para o conselho de administração da Sharia, como é o caso de outros profissionais, como advogados, contadores, médicos e engenheiros. Atualmente, considera-se necessário criar um corpo profissional para estabelecer as qualificações dos conselhos da Sharia, introduzir um código de conduta comum, desenvolver um programa de treinamento e fortalecer o profissionalismo dos advogados da Sharia. , Atualmente várias agências estão tentando fornecer a qualificação planejada. Para o Conselho Supervisor da Sharia como o Consultor AAOIFI Shariah e Auditor, por iniciativa do IFC, Programa de Desenvolvimento Acadêmico Conselho Finanças islâmico eo SII e Academic Introdução programa Sharia de IBFIM, mas verificou-se que esses não avaliações geralmente aceito. O estudo recomenda a criação de Sharia Associação de consultores em Ebene.235 nacional e internacional Através desta parceria, a qualidade dos diretores Sharia pode semelhante também por uma agência independente, como uma agência de notação de crédito. , ,

4. Política de Remuneração

Existem diferenças significativas na remuneração dos vários Conselhos da Sharia. A falta de limites ou diretrizes para a remuneração da Diretoria da Sharia pode levar a práticas não saudáveis. Os dez melhores acadêmicos da Sharia, que dominaram posições em IFIs em todo o mundo, merecem uma recompensa muito lucrativa e significativa. Descobriu-se que um presidente do conselho diretor da Shari'ah pode ganhar entre US $ 50 mil e US $ 100 mil em pensão, e um importante cientista poderia até ganhar até US $ 250 mil em um negócio típico de mercado de capitais. Este estudo também assume que os cinco principais estudiosos da Sharia podem ganhar até US $ 1 milhão por ano,Embora não haja uma referência padrão ou uma taxa de escalabilidade para os Consultores da Sharia, os reguladores e as instituições financeiras internacionais devem definir uma política de remuneração específica para os membros da diretoria da Sharia, com base em preços adequados de scale-out. Como parte da política interna da IFI, os acionistas devem aprovar e divulgar as taxas de escala da Diretoria da Sharia no relatório anual e estabelecer uma política específica para a remuneração dos membros da Diretoria da Shari'ah com base nas taxas apropriadas. Como parte da política interna da IFI, os acionistas devem aprovar e divulgar as taxas de escala do Conselho da Sharia no Relatório Anual.Eles devem estabelecer uma política específica para a remuneração dos membros do Conselho de Sharia com base nas taxas apropriadas. Como parte da política interna da IFI, os acionistas devem aprovar e divulgar as taxas de escala do Conselho da Sharia no Relatório Anual.

5. Atributos do Conselho Sharia sobre Confidencialidade

Havia estudiosos da Sharia que, inadvertida ou indiretamente, divulgavam certas informações confidenciais, em particular as dos conselhos de muitas instituições financeiras internacionais. Além disso, os resultados da pesquisa mostraram que 29% das IFIs acreditam que a Diretoria da Sharia não entende totalmente a questão da confidencialidade. Em vista disso, as IFIs devem ter um mecanismo adequado para resolver este problema. Estas incluem as disposições da Carta de Nomeação, a aplicação do Código de Ética e dos Procedimentos Disciplinares para a Conduta Inadequada do Conselho de Administração da Shari. 'a. Ao determinar o âmbito da confidencialidade, pode ser feita referência ao artigo 52 do IFSB-10. No entanto, o IFSB-10 não contém diretrizes para procedimentos disciplinares,Os membros do Shari Board violam a confidencialidade ou divulgam informações confidenciais ou confidenciais. Portanto, recomenda-se que as instituições financeiras internacionais tenham procedimentos disciplinares apropriados, como procedimentos de audição e padrões de teste com uma estrutura organizacional adequada.

Referências

1. Abu-Tapanjeh, A. M. (2009). Corporate governance from the Islamic perspective: A comparative analysis with OECD principles. Critical Perspectives on Accounting, 20(5), 556-567. doi: 10.1016/j.cpa.2007.12.004
2. Al-Rifaee, S. (2008). Islamic banking myths and facts.
3. Alasrag, H. (2010). Global Financial crisis and Islamic finance.
4. Allen&OveryLLP. (2009). Islamic microfinance report for institutions offering Islamic financial services.
5. Ayub, M. (2009). Understanding Islamic Finance: Wiley.
6. Chapra, M. U. (2011). The global financial crisis: Some suggestions for reform of the global

financial architecture in the light of Islamic finance. Thunderbird International Business Review, 53(5), 565-579.

7. Chapra, M. U., & Ahmed, H. (2002). Corporate governance in Islamic financial institutions. Occasional Paper No. 6, Jeddah, IRTI/IDB.
8. Dewar, J., & Hussain, M. M. (2011). ISLAMIC PROJECT FINANCE. In J. Dewar (Ed.), International Project Finance: Law and Practice: OUP Oxford.
9. Elasrag, H. (2011). Principals of the Islamic finance: A focus on project finance. Available at SSRN 1806305.
10. Faiz, W. (2011). Challenges and opportunities Islamic financial institutions are facing in the western countries. (Master Thesis), University of Aarhus.
11. Ghuddah, A. S. A. (1998). Ijarah (lease). Dallah Al-Baraka Group Al-Baraka Banking

Group (ABG) Department of Research & Development.

12. Hasan, Z. (2010). Regulatory framework of Shari'ah governance system in Malaysia, GCC Countries and the UK. Kyoto Bulletin of Islamic Area Studies, 3(2), 82-115.

13. HASAN, Z. (2011). SHARĪʿAH GOVERNANCE IN ISLAMIC FINANCIAL INSTITUTIONS IN MALAYSIA, GCC COUNTRIES AND THE UK. (Doctoral thesis), Durham University. Retrieved from http://etheses.dur.ac.uk/810/

14. Ilias, S. (2010). Islamic finance: overview and policy concerns Congressional Research Service.

15. Iqbal, Z. (1997). Islamic financial systems. Finance and Development, 34, 42-45.

16. Muhammada, M. Z., & Chonga, R. (2007). The Contract of Bay'Al-Salam and Istisna'in Islamic Commercial Law: A comparative

analysis. Labuan e-Journal of Muamalat and Society, 1, 21-28.

17. OECD. (2004). OECD Principles of Corporate Governance 2004: OECD Publishing.

18. Rasameel Structured Finance. (2014). 2013 Annual Global Sukuk Report.

19. S&P Shariah Indices Methodology (March 2014).

20. Saidi, N. (2008). Corporate governance in Islamic finance. Islamic Wealth Management: A Catalyst for Global Change and Innovation. London: Euromoney Institutional Investor.

21. UK Islamic finance secretariat UKIFS. (2013). financial markets series UK.

22. Usmani, M. I. A., & Zubairi, Z. (2002). Meezan Bank's Guide to Islamic Banking: Karachi: Darul-Ishaat Urdu Bazar.

23. Uusmani, M. T. (2002). An introduction to Islamic finance (Vol. 20): Brill.

24. Wilson, Rodney (2009). 'Shariah Governance for Islamic Financial Institutions'. Journal of Islamic Finance 1(1): 59-75.

www.ingramcontent.com/pod-product-compliance
Lightning Source LLC
LaVergne TN
LVHW010831051026
849532LV00007B/2668